소크라테스

소크라테스

루이-앙드레 도리옹

김유석 옮김

소요서가

일러두기

1 이 책은 Louis-André Dorion, *Socrate*, Collection: Que sais-je?, Humensis, 2018을 우리말로 옮긴 것이다.

2 그리스어를 비롯해 외국어 인명은 현행 외래어 표기법을 기준으로 표기했다. 표기 원칙이 정해지지 않은 것은 일반적으로 통용되고 있거나 굳어진 표현을 사용했다.

3 고전작품 인용 부분은 우리말 번역서에 따라 옮기되, 필요한 경우 옮긴이가 수정했다.

4 원서에서 온 참고 문헌 소개에 덧붙여, 그리스 철학과 소크라테스 사상을 소개한 국내 번역서들의 서지사항을 정리해 두었다. 또한 독서와 연구에 도움이 되고자 찾아보기를 작성해 권말에 두었다.

5 프랑스어에서 윤리 및 종교와 관련된 몇몇 용어의 경우 동일한 단어가 문맥에 따라 윤리적이거나 종교적인 속성을 지칭하기도 하고, 그러한 속성을 담지한 사람이나 사물 또는 행위를 지칭하기도 한다. 이 경우 같은 단어라 하더라도 문맥의 의미를 고려해 다른 번역어를 선택했다. 그 예는 다음과 같다.

le bien: 선, 좋음, 좋은 것, 부/ le mal: 악, 나쁜 것/ le juste: 정의, 올바른 것/ l'injuste: 불의, 부당한 것/ la divinité: 신성神性, 영적인 것, 신

6 원서의 이탤릭 표기는 그리스어에서 온 용어인 경우는 " " 안에 넣어 표기했고, 도서명과 희곡 혹은 연극작품은《 》안에 넣어 표기했다.

7 그리스어 병기는 이탤릭체로 표기했으며, 우리말로 한 단어 이상의 구로 번역될 경우는 괄호 안에 넣어 표기했다.

8 이 책에 쓰인 연도 표기는 '서기'를 붙인 경우를 제외하고 모두 '서기전'이다. 다만 각 장의 첫 부분에서는 오독을 피하기 위해 '서기전'을 붙였다.

9 부호의 쓰임은 다음과 같다.

《 》도서명　〈 〉논문 및 글 제목

( ) 지은이의 부연 설명, 이 책의 상호참조 표시

[ ] 본문의 경우 옮긴이의 부연 설명, 인용문의 경우 지은이의 부연 설명, 각주의 경우 옮긴이의 원서 제목 번역

[*] 인용문 안 옮긴이의 부연 설명　[…] 인용문 안 중략

차례

서론

키케로는 자신의 논고인 《신들의 본성에 관하여》의 한 대목에서 소크라테스를 "철학의 아버지*parens philosophiae*"로 소개했다.[1] 그렇지만 이미 잘 확립된 또 다른 전통에 따르면 사실 최초의 철학자는 밀레토스 출신의 탈레스로, 그의 출생 시기는 소크라테스보다 한 세기 이상 앞선다. 이 두 전통의 불일치는 그저 표면적인 것에 불과하다. 왜냐하면 사람들이 탈레스에게는 "최초의 철학자"라는 명칭을 부여한 반면, 소크라테스를 "철학의 아버지"라 부른 것은 다른 맥락에서 그랬던 것이기 때문이다.

고대인들이 보기에 탈레스는 더 이상 신과 같은 초자연적인 원인들을 개입시키지 않고, 물질적 원인들을 통해 자연현상을 설명하는 유형의 탐구를 주도했다는 점에서 최초의 철학자였다. 반면 소크라테스는 자연 탐구로부터 관심을 돌려서

---

[1]   키케로, 《신들의 본성에 관하여》 I 34, 98; 《최고선악론》 II 1, 1.

장차 철학적 성찰이 오직 "인간사人間事"에만 몰두하도록 했다는 점에서 철학의 아버지였던 것이다.

> 그 외에도 고대의 철학으로부터 소크라테스에 이를 때까지 […] 철학자들이 몰두했던 것은 수와 운동에 관한 것들이었다. 또 만물이 생겨나고 소멸하는 원리들을 탐구했는데 별들의 크기와 거리, 궤도와 같은, 일반화시켜 말하자면 모든 천문현상을 해명하는 데 전념했다. 소크라테스는 철학을 하늘로부터 땅으로 불러 내린 최초의 철학자였다. 철학의 문제를 도시들에다 세웠으며 건축물들에 도입했고, 삶과 관습 또 좋은 것들과 나쁜 것들에 대한 탐구의 임무를 철학에 부여했다.[2]

> 다른 이들도 그렇지만[3] 키케로의 이런 언급은 플라톤(《소크라테스의 변명Apologie》[이하 《변명》] 19c), 크세노폰(《소크라테스의 회상Mémorables》[이하 《회상》] I 1, 11~16) 그리고 아리스토텔레스[4]까지 거슬러 올라가는 전통에 대한 증언이기도 하다. 또한 그로부터 수세기가 지난 뒤(서기 4세기 무렵) 아우구스티누스

---

2   키케로, 《투스쿨룸 대화》 V 4, 10.

3   키케로, 《브루투스》 VIII 31; 세네카, 《루킬리우스에게 보내는 편지》 LXXI 7 참조. "철학 전체를 도덕의 문제로 환원시켰던 소크라테스는 지혜란 선과 악을 구분하는 기술로 요약된다고 주장했다네."

4   《형이상학》 A 6, 987b1~2;《동물 부분론》 I 1, 642a24~31 참조.

의《신국론》에서도 여전히 그 반향을 찾아볼 수 있다.

> 최초로 관습을 새롭게 세우고 재정립하는 일로 철학 전
> 체를 전향시켰던 모습을 소크라테스에게서 찾아볼 수
> 있다는 점에 대해 모든 사람이 의견을 같이한다. 반면 그
> 에 선행했던 모든 철학자들은 자연학, 다시 말해 자연에
> 관한 탐구에 그들의 온갖 정력을 소비했다고 한다.[5]

현대인들이 이른바 소크라테스적 "혁명"에 선행했던, 그리고 "자연*phusis*"을 선호하는 탐구대상으로 취했던 철학자들을 지칭하기 위해 "소크라테스 이전 철학자들"이란 용어를 만들어낼 수 있었던 것은 무엇보다도 이렇게 일치된 전통 덕분이다. 철학을 새로운 목적, 즉 개인 및 공공의 영역 위에서 좋은 삶의 조건들을 구하는 문제로 전향시킴으로써 소크라테스는 어떤 의미에서 철학의 제2의 탄생을 주재했으며, 거기서 "철학의 아버지"라는 칭호가 나오게 된 것이다.

하지만 그뿐만이 아니다. 자연 탐구에 대한 그의 무관심은 자연학으로부터는 윤리학을 도출할 수 없다는 그의 신념에서 나온 것이기도 하다. 다시 말해서 윤리적 성찰은 자신의 고유한 요구들에만 복종할 뿐 자연에 대한 탐구로부터는 배울 것

---

5   아우구스티누스,《신국론》VIII 3.

이 조금도 없으며, 설령 있다 하더라도 미미할 따름이라는 것이다. 소크라테스의 이런 신념은 몇몇 그의 상속자들, 특히 플라톤과 스토아 철학자들에게는 공유되지 않았다. 이들은 반대로 윤리학과 자연학이 서로 불가분적으로 연결된 두 학과라고 주장했다.

오늘날에는 소크라테스가 철학의 전통 속에서 그와 같은 단절의 선구자라는 점에 대해 의혹의 목소리가 나오고 있는데, 이런 문제 제기는 일견 정당해 보인다. 실제로 우리는 무엇보다 데모크리토스를 비롯한 —사실 그는 소크라테스와 동시대인이었지만— 몇몇 소크라테스 이전 철학자들에게서도 도덕적 성찰이 주요 관심 영역이었다는 요소들을 발견할 수 있다. 아울러 우리는 소피스트들 역시 소크라테스 못지않게 윤리적, 정치적 물음들을 철학적 반성의 특별한 대상으로 삼는 데 기여했다는 것을 인정한다.

그럼에도 불구하고 소크라테스가 "도덕과학의 창시자"[6]라고 불리는 것은 그의 직계 제자들 및 후대 철학 학파들의 윤리적 성찰에 대해 그가 끼쳤던 영향이 결정적이었고 다른 누구도 그에 필적할 수 없었을 뿐만 아니라, 그가 우리에게는 "좋은 삶"의 근거와 원리를 놓고 일체의 타협과 양보 없이 전 인생

---

[6]   É. Boutroux, "Socrate fondateur de la science morale[소크라테스, 도덕과학의 창시자]" in *Études d'histoire de la philosophie*[철학사 연구], Paris, 1897, pp. 12~93 참조.

을 탐구에 전념했던 철학자의 첫 번째 사례이기 때문이다.

소크라테스는 그런 탐구에 자신의 인생을 바쳤고, 이런 태도는 심지어 목숨을 잃는 순간까지도 이어졌다. 그 결과 그는 철학의 아버지일 뿐만 아니라 최초이면서 가장 유명한 철학의 순교자가 되었던 것이다.

1장

소크라테스의
삶과 죽음

서기전 399년, 소크라테스가 판관들 앞에 섰을 때 그의 나이 70세였다.[7] 이를 통해 그가 서기 전 470~469년경에 출생했으리라고 추정할 수 있다. 그는 아테네의 알로페케 구 출신으로 아버지는 소프로니스코스, 어머니는 파이나레테이다. 《에우튀프론》(11c)에서 소크라테스가 다이달로스를 조상 내지는 가정의 수호신으로 모셨다고 언급한 것을 액면 그대로 받아들인다면, 그의 부친은 어쩌면 조각가나 석공이었을지도 모른다. 어머니에 관해서, 그녀의 이름이 정말 파이나레테인지, 또 그녀의 직업이 과연 산파였는지에 대해 사람들은 조금씩 의혹을 제기해왔다.

이 두 정보 모두 플라톤의 《테아이테토스》(149a)에서 온 것들인데, 거기서 이 정보들이 소크라테스의 주장을 위해 사용되었다는 점을 감안한다면 그 진위가 의심스럽기 때문이다. 왜냐하면 파이나레테의 직업을 내세움으로써—사실 그녀의 이름 역시 글자 그대로 풀면 "덕을 드러내 보이는 자"를 뜻한다—그는 가령 "산파술" 같은 자신의 고유 활동을 이해시킬 수 있었기 때문이다.(이 책 96~100쪽 참조)

470년에서 399년 사이에 그의 인생을 도두새겼을 만한 주요 사건들에 대해서는 거의 알려진 것이 없다. 다만 그는 세 차례 중무장 보병으로 복무했으며,[8] 또 두 차례에 걸쳐 감히 누구

---

7   플라톤, 《변명》 17d; 《크리톤》 52e 참조.

8   포테이다이아전투(431~430년), 델리온전투(424년) 그리고 암피폴리스전투(422년)이다. 플라톤, 《변명》 28e; 《카르미데스》 153a~d; 《라케스》 181b; 《향연》 219e~221c 참조.

도 부정할 수 없는 정치적 용기를 입증했다고 한다. 그 하나는
406년, 민회 대표로 일할 때 목숨을 걸고 불법적인 소환을 저지
한 일이다. 실제로 그 소환은 아르기누사이전투에서 전사한 해
군의 시신 수습을 거부했던 장군들을 개별적으로 심판하지 않
고 일괄 숙청할 계략으로 도모된 것이었다. 다른 하나는 404년,
30인 과두정 아래에서 그가 죽음을 무릅쓰고 지배자들에게 복
종하기를 거부한 일이다.

　　　그들은 소크라테스를 자기들의 악행에 가담시키기 위
해 그에게 살라미스 출신 레온에 대한 불법적인 체포를 명했다.
그러나 소크라테스는 당시의 엄혹했던 정치체제 따위는 조금도
개의치 않았는데, 그는 불의를 행하는 일에는 목숨을 걸고 거부
할 각오가 되어 있었던 것이다. 소크라테스가 423년에 쓰인 아리
스토파네스 희극의 중심인물이었다는 점을 생각하면(이 책 44쪽
이하 참조), 그가 당시에—그때가 46세였다—이미 상당한 유명
세를 타고 있었음을 알 수 있다.

　　　소크라테스의 개인사에 관해서 우리는 그다지 많은 정
보를 갖고 있지 않다. 자료들이 종종 상충되는 것은 말할 것도
없거니와 그의 결혼생활과 관련된 것들은 더욱 그렇다. 플라톤
과 크세노폰까지 거슬러 올라가는 전통에 따르면, 소크라테스
는 크산티페와 결혼했고 세 명의 자식을 낳았다고 한다. 또 분
명 뭔가 불확실하고 의심스럽긴 하지만, 나름대로 소요학파
Peripatetic school에 기원을 두고 있는 또 다른 전통에 따르면(이 책

171~172쪽 참조), 소크라테스는 중혼을 했다고 한다. 부인 중 한 명은 크산티페이고, 다른 한 명은 정치가 아리스테이데스의 손녀 뮈르토이다. 또 크산티페라는 인물은 종종 심술궂은 아내이자 고약한 여자로 그려지곤 했다. 이는 크세노폰의 작품(《향연》II 10)에서도 이미 나타나는데, 이에 관한 별로 유쾌하지 않은 일화들이 기록되어 있다.[9] 크산티페를 둘러싼 이 오명은 아마도 디오게네스가 전해주는 다음의 일화에 기원을 두고 있을 것이다. "누군가 소크라테스에게 결혼을 해야 할지 말아야 할지 정해달라고 부탁하자, 그는 '무엇을 하든 자네는 후회할 걸세!'라고 대답했다고 한다."[10]

플라톤(《테아이테토스》143e)과 크세노폰(《향연》II 19, V 5~7)은 소크라테스의 외모에 관하여 아첨 섞인 묘사라고는 일절 하지 않았다. 그는 납작코에 돌출된 눈, 두터운 입술에 배는 불뚝 나와 있었다고 한다. 요컨대 그의 외모가 워낙 매력과는 거리가 멀었기에, 이 두 제자는 주저하지 않고 그를 실레노스에 비유하기도 했다.[11] 그렇다고 해서 소크라테스는 자신의 추한 모습을 화려한 옷 속에 감추지도 않았다. 그는 맨발로 돌아다녔고,[12]

---

9   디오게네스 라에르티오스, 《저명한 철학자들의 생애와 사상》(이하 《생애》) II 36~37; 잔난토니G. Giannantoni가 편집한 *Socratis et Socraticorum Reliquiae* [소크라테스와 소크라테스주의자들의 단편 모음, SSR] I C 58, 60, 64, 66, 68, 508, 513, 526, 539 참조.

10   디오게네스 라에르티오스, 《생애》 II 33.

11   플라톤, 《향연》 215a~b; 크세노폰, 《향연》 IV 19, V 7 참조.

12   아리스토파네스, 《구름》 103, 363; 플라톤, 《향연》 173b, 174a, 220b; 《파이드로스》 229a; 크세노폰, 《회상》 I 6, 2; SSR I A 10 참조.

여름이나 겨울이나 늘 같은 옷을 입었다.[13] 인간 소크라테스와 맞물려 있는 수많은 역설적인 모습 가운데 하나는 그가 별로 유리할 것도 없는 외모를 지녔음에도 굉장한 매력남이었다는 사실이다.(이 책 126~132쪽 참조)

그는 자신을 사모하여 별무리처럼 모여드는 젊은이들에게 막대한 영향을 끼쳤다. 이 젊은이들은 그에게서 몇 가지 습관, 이를테면 맨발로 돌아다닌다든가 씻지 않고 지낸다든가 하는 따위를 받아들이기까지 했다. 오죽하면 "얼빠진 추종자들"이라 부를 만한 이런 행동을 묘사하려 아리스토파네스가 소크라테스의 이름을 딴 동사를 만들기까지 했겠는가. 그는 실제로 《새》에서 "장발에다 굶기를 밥 먹듯 하며 더러운 꼬락서니로 소크라테스 짓을 하던*esôkratôn*" 사람들을 조롱하기도 했다.[14]

이러한 그의 소박한 옷차림과 철학 이외의 다른 활동이 알려져 있지 않다는 사실은 실제로 그가 가난했다고 평가하는 증언들과도 일치한다.[15] 크세노폰은 비록 소크라테스의 재산이 보잘것없었다는 사실은 인정했지만,[16] 그렇다고 그를 가난하다고 규정하는 것은 거부했다. 왜냐하면 크세노폰은 가난이란 생계수단의 검박함에 있는 게 아니라, 오히려 자신의 욕구에 비해

---

13   크세노폰, 《회상》 I 6, 2 참조.

14   아리스토파네스, 《새》 1282.

15   플라톤, 《변명》 23b~c, 31b~c, 38b; 《국가》 I 338b 참조.

16   《회상》 I 2, 1; I 2, 14; I 6, 2; 《경영론》 II 2~3 참조.

가진 것이 부족한 관계 속에서 생기는 것이라고 보았기 때문이다.(이 책 153~155쪽 참조)

　소크라테스가 받은 교육은 어땠을까? 후대의 전통에 따르면,[17] 그는 아낙사고라스와 아르켈라오스를 스승으로 삼았다고 한다. 그러나 이 전통은 사실 《파이돈》(96a~99d)에 길게 묘사된 "자전적" 언급이 반영되었을 가능성이 크다. 거기서 소크라테스는 자연에 관한 탐구로부터 등을 돌리기 전에 아낙사고라스의 저술을 탐독하는 일에 심취했다고 고백하고 있다. 분명한 것은 소크라테스의 제자이며 우리가 지닌 주요 자료의 제공자인 플라톤과 크세노폰이, 소크라테스가 그의 선행자들과 동시대인들에게 진 지적 채무에 관해서 마치 자기들의 스승은 스스로 터득했을 뿐 따로 어떤 철학자의 제자였던 적이 결코 없다는 식으로 언급하고 있다는 점이다.

　물론 플라톤은 종종 소크라테스를 소피스트인 프로디코스의 제자로 소개하기도 한다.[18] 그러나 소크라테스가 프로디코스의 교수내용에 관해 반어적으로 말하거나 그중 몇몇은 강의료가 터무니없이 비쌌다고 언급한 것을 미루어볼 때, 이 정보를 곧이곧대로 받아들이는 것은 분명 오류를 범하는 일이다. 결론적으로 소크라테스의 가르침이 당대의 소피스트들에게 빚지고 있다고 단정하기는 무척 어려울뿐더러 사실상 불가능해 보

17　디오게네스 라에르티오스, 《생애》 II 16, 19 및 23 참조.

18　《프로타고라스》 341a; 《메논》 96d 및 《크라튈로스》 384b 참조.

인다.

소크라테스의 생애에 관한 일화들 가운데 우리가 가장 많은 정보를 가지고 있으며, 게다가 그 해석 역시 미묘해 무수한 논쟁을 불러일으키는 것은 399년에 열렸던 재판이다. 이 재판은 아테네와 스파르타 간의 동족상잔이자 아테네가 치욕적으로 패배한 펠로폰네소스전쟁(431~404년)이 끝나고 5년 뒤에 열렸다. 다양한 자료를 통해 전해진 고발내용에 따르면,[19] 소크라테스는 도시가 믿는 신들을 믿지 않았고 새로운 영적인 것들을 도입했으며 젊은이들을 타락시켰다고 한다. 이 세 가지 고발 항목에 대해 해석자들의 입장은 둘로 갈라진다. 한쪽은 이 세 가지 항목이 소크라테스를 겨냥해 열린 재판의 진정한 동기였다고 간주하는 사람들이고, 다른 한쪽은 우리가 그렇게 추정하듯 이 죄목들이 정치적 성격을 띤 핵심적인 고발 동기들을 은폐하고 있으리라고 평가하는 사람들이다.

사람들은 종종 첫 번째 고발 항목과 관련해 소크라테스가 정말로 도시가 믿는 신들을 믿지 않아서 고발된 것인지 아니면 단적으로 말해 그들을 기리지 않아서, 즉 그들을 숭배하지 않아서 고발된 것인지 궁금해했다. 하지만 플라톤(《변명》 26b~28a)과 크세노폰(《회상》 I 1, 5)이 소크라테스가 무신론 고발의 표적이 되었다며 그를 옹호한 사실에는 의심의 여지가 없다. 또한 사

---

19   플라톤, 《변명》 24b~c; 크세노폰, 《회상》 I 1, 1; 《소크라테스의 변론》
      (이하 《변론》) 10; 디오게네스 라에르티오스, 《생애》 II 40 참조.

람들이 그가 단적으로 신들을 믿지 않는다고 비난했다는 사실 역시 의심의 여지가 없다. 이 비난은 거꾸로 그를 고발한 사람들에게 감당하기 힘든 모순을 부과한다. 왜냐하면 그들은 소크라테스를 무신론자라고 고발하면서 동시에 그가 새로운 영적인 것들을 도입했다고 고발했기 때문이다.

반면에 소크라테스가 도시가 믿는 신들을 믿지 않고 그 것을 새로운 영적인 것들로 대체했다 하여 그를 고발했다면, 이 는 모순된 일이 아니다. 더욱이 그것은 우리가 아리스토파네스 의 《구름》에서 보게 되는 내용과도 맞아떨어진다.(이 책 46~47 쪽 참조) 그렇지만 플라톤과 크세노폰은 소크라테스가 제우스나 다른 올림포스의 신들을 믿지 않았다고 여길 만한 여지를 조금 도 남기지 않았다. 소크라테스가 신들에 관해 시인들이 퍼뜨리 고 다니던 신기한 이야기들을 믿지 않았던 것은 분명하다.[20] 그 러나 그의 불신은 일종의 회의론을 주장하는 것이라기보다는, 오히려 시인들이 즐겨 묘사하듯 신들도 추악하고 부도덕할 수 있다는 생각을 받아들이지 않겠다는 것이었다. 따라서 소크라 테스는 신들을 믿었으되, 다만 그가 믿었던 신들은 모든 악과 흠 결로부터 벗어난 순수한 신들이었다. 이 악과 흠결은 시적 전통 을 통해 신들에게 부여된 것으로, 소크라테스는 이것들을 거짓 으로 간주했다.

---

20   《에우튀프론》 6a~c ;《국가》 II 377e 이하 그리고 III 408c 참조.

어찌됐건 전통적 신관을 불신했다는 이유만으로는 그를 불경죄로 고발한 것을 정당화하기에 충분치 않다. 그 외에도 그런 고발이 소크라테스를 겨냥해 이루어질 수 있었는가 하는 의구심은 과연 당시에 불경죄에 관한 법률이 존재했는가라는 또 다른 질문을 불러일으킨다. 그런 법률이 있었다는 것을 지지하는 사람들은 플루타르코스가 쓴 《페리클레스의 생애》(XXXII 2)를 인용하곤 한다. 거기서 플루타르코스는 불경을 금지하는 법령을 암시하고 있기 때문이다. 하지만 최근 들어 우리는 과연 이 법령이 399년에도 유효했는지에 대해 의심하게 되었다.[21]

다른 한편 플라톤[22]과 크세노폰[23]은 두 번째 고발 항목과— 즉 새로운 "영적인 것들*daimonia*"을 도입한 죄와—소크라테스가 말하는 "영적인 신호*daimonion sêmeion*"를 관련시킨다. 소크라테스는 특정한 계기마다 그것을 듣는다고 단언하며, 또 그것이 자기의 고유한 것이라고 주장한다.(이 책 105~106쪽 참조) 그런데 두 번째 고발 항목이 이 영적인 신호를 겨냥하고 있는 것이 분명하다면, 왜 고발자들은 그것을 "영적인 것*daimonion*", 즉 단수로 말하지 않고 "영적인 것들*daimonia*"이라고 복수를 사용했던 것일까? 아마도 아리스토파네스의 희곡 《구름》이 이 물음

---

21   M. H. Hansen, *The Trial of Sokrates—from the Athenian Point of View*, Copenhagen, 1995, p. 25 참조.

22   《변명》31c~d;《에우튀프론》3b.

23   《회상》I 1, 2;《변명》12~13.

에 대한 답을 제시한 듯하다. 이는 고발자들이 당시 만연해 있던 여론, 즉 소크라테스는 무엇보다도 자연에 관한 탐구에 관심을 가졌고, 기존의 신들을 조금의 망설임도 없이 구름, 혀舌, 허공과 같은(《구름》 423~424) 장차 신적인 것들로 이름을 얻게 될 새로운 존재물들로 대체한 자연철학자라는 여론을 공유하고 있었음을 증언해준다.

　　　하지만 우리가 확인할 수 있듯이 이런 설명은 영적인 신호와 아무런 관련도 없으며, 더구나 《구름》에서는 이 신호가 언급조차 되지 않는다. 그럼에도 우리가 두 번째 고발 항목의 근거를 영적 신호에 둔다고 가정한다면, 이 신호가 과연 그런 고발을 정당화할 만한 충분한 동기가 될 수 있는가라는 질문을 불러일으킨다. 크세노폰은 소크라테스에게 종종 들렸다는 영적인 목소리가 그저 다른 이들에게도 흔한 영적 체험일 뿐이며, 따라서 종교적 문제와 관련된 혁신은 아니었음을 입증하려고 애썼다.[24] 반면에 크세노폰은 소크라테스의 말마따나 신들이 소크라테스와 사적인 신호를 통해 대화를 나눔으로써 그에게 호의를 보였다는 점에 대해 아테네인들이 질투를 느꼈을 것이라고 여겼다.[25]

　　　한편 플라톤은 세 번째 고발 항목을 불경죄의 하위 항목으로 놓았다. 소크라테스가 도시의 신들 대신 새로운 영적인

───────

24　　　《회상》 I 1, 2~4 및 《변론》 12~13 참조.

25　　　크세노폰, 《변론》 14 참조.

것들을 믿으라고 젊은이들을 충동질하여 그들을 타락시켰다는 혐의를 받았으리라는 것이다. 특히 이는《변명》(28a~b, 39c~d)에서 소크라테스가 이 고발을 또 다른 원인—예컨대 여기서는 그가 자주 수행했던 논박술—과 연결한 데서도 잘 드러난다.[26] 젊은이들은 소크라테스가 지혜롭다고 자처하던 사람들의 무지를 폭로하는 모습을 보며 즐거워했다. 그들은 소크라테스를 흉내 내려 안달이 났고, 아예 지혜롭다고 착각하여 떠벌리는 이들을 직접 논박하러 나서기도 했다.

　　이렇듯 소크라테스를 모방한 젊은이들이 거둬들인 무수한 성공은 이제 그들의 희생자들을 자극하게 되었고, 소크라테스가 젊은이들을 타락시킨다고 주장하게 만들었다는 것이다.(《변명》23c~d) 고작 이런 행위가 젊은이들을 타락시켰다는 고발뿐만 아니라 심지어 사형 판결의 주요 원인이 된다고 주장하는 한(이 책 92~94쪽 참조), 앞서 설정했던 불경과 젊은이의 타락 사이의 관련성 역시 매우 미약하거나, 아니면 다분히 인위적인 설정처럼 보인다.

　　그렇지만 여기서 분명한 것은 대부분의 아테네인들이 보기에 젊은이들을 타락시켰다는 고발이 소크라테스의 가르침과 관련되었다는 사실이다. 그들은 그의 가르침이 몇몇 젊은이에게—특히 아테네 민주정에서 반역자로 취급되었던 알키비아

26　　　소크라테스의 "논박술*elenchos*"과 관련해서는 이 책 82~95쪽 참조.

데스와 카르미데스 그리고 크리티아스에게—사악한 영향을 끼쳤을 것이라고 생각했음이 분명하다. 크세노폰은 《회상》에서 이 재판의 정치적 맥락을 분명하게 보여준다. 거기서 크세노폰은 〈소크라테스를 고발함〉이란 제목의 문건에 수록된 고발내용들에 대해 장문에 걸쳐 대답했다.(I 2, 9~64) 그 문건의 저자는 폴뤼크라테스라는 소피스트였는데, 그는 무엇보다도 소크라테스가 크리티아스와 알키비아데스에게 영향을 준 악의 원천이었으며(I 2, 12), 추첨을 통해 대표자를 선출하던 민주정체를 무시하고(I 2, 9), 참주정을 지지하도록(I 2, 56) 자신의 추종자들을 부추겼다고 비난했다.

재판의 정치적 동기들에 대해서는 서기전 4세기 무렵의 연설가인 아이스키네스도 다음과 같이 매우 분명하게 표현했다. "여러분은 소피스트였던 소크라테스를 죽게 만들었습니다. 왜냐하면 그가 크리티아스를 교육시켰음을 밝혀냈기 때문입니다."(I 173) 399년에 작성된 고발장에 구체적인 정치적 비난 사유가 없었다고 보는 이들은 아테네인들이 민주정이 회복된 뒤(403년) 펠로폰네소스전쟁이나 30인 과두정까지 소급되는 사건들의 기소를 금지하는 사면법안을 통과시켰다는 사실에 호소할 것이다.(아리스토텔레스, 《아테네의 정체》 XXXIX 6 참조) 그렇지만 폴뤼크라테스는 자신의 문건을 소크라테스가 죽은 지 몇 년 뒤에 출판했고, 결국 그는 이 사면법을 지켜야 할 의무에 구애받지 않았던 셈이다. 그런 식으로 그는 399년에 대부분의 아테네인들이 암암리에 품고 있던 생각들을 그렇게 노골적으로 표현할 수 있었던 것이다.

소크라테스에게 가해졌던 고발 모두를 플라톤과 크세노폰이 전하는 대로 살펴보면, 우리는 30여 년에 걸쳐 쌓인 비난의 물결을 크게 세 가지로 정리해볼 수 있다. 첫째는 아리스토파네스의 희곡 《구름》(423년)에 담긴 공격들이다. 플라톤은 이와 관련해서 소크라테스의 첫 번째 비난자들이라고 명시적으로 언급했다.(《변명》 18b 이하)[27] 둘째는 멜레토스, 뤼콘, 아뉘토스가 공식적으로 제기한 고발장이다(399년). 셋째는 (약 393년경에 출간된) 폴뤼크라테스의 문건에서 볼 수 있는 정치적 성격의 고발들이다.

소크라테스를 겨냥했던 고발들과 그에게 부과되었던 재판의 치명적 결말은 두말할 나위 없이 수많은 소크라테스적 문학양식의 원천이 되었다. 적어도 그 초창기에, 이 문학양식의 첫 번째 목표는 그를 옹호하는 것이었다. 그것은 과거와 현재, 나아가 미래의 모든 소크라테스의 비난자들에 대항해 그가 덕의 모범이었음을, 또 그와 젊은 친구들이 나누었던 대화가 그들을 타락시키기는커녕 정반대로 그들에게 큰 도움이 되었음을 보여주고자 했던 것이다.

---

27   이 책 54~56쪽 참조.

2장

____

사료의 문제와 이른바 '소크라테스의 문제'

"당신들 중 누구도

그에 관해 알지 못하고 있음을

명심하시오."[28]

알다시피 소크라테스는 어떠한 저술도 남기지 않았다. 그의 생애와 사상은 직간접적인 증언들에 의해 우리에게 알려졌다. 직접 증언들은 그와 동시대의 작가들(아리스토파네스)이나 제자들(플라톤과 크세노폰)이 쓴 저술들이며, 간접 증언의 경우 가장 중요한 것은 소크라테스가 죽은(399년) 지 15년 뒤에 태어난 아리스토텔레스의 저술이다. 그런데 이 증언들 사이에 많은 지점이 불일치한다는 것이 문제의 진원지이다. 역사적 소크라테스의 삶, 특히 그의 사상을 재구성할 때 어느 하나의 증언을 통해 하는 것이 옳을지, 아니면 그중 몇 가지 증언을 통해야 할지, 그것도 아니면 모든 증언을 통합해야 할지 하는 문제가 제기된다. 이렇듯 역사적 소크라테스의 학설을 재구성하기 위해 철학사가들이 맞서고 또 해결하고자 몰두하는 역사적·방법론적 문제를 두고 우리는 "소크라테스의 문제"라고 한다.

이 "소크라테스의 문제"가 일대 도약을 하는 데 가장 큰 기여를 한 것은 슐라이어마허Schleiermacher의 연구이다.[29] 그는 "철학자" 소크라테스를 구성해왔던 관습적인 특징들을 모두 거부했다. 당시 연구자들은 크세노폰에 의지해 역사적 소크라테스의 사상을 규정하려 했다. 이에 반해 슐라이어마허는 크세노폰의 증언을 노골적으로 멀리했으며, 다음과 같은 두 가지 점을

28   플라톤, 《향연》 216c~d.
29   "Ueber den Werth des Socrates als Philosophen[철학자로서 소크라테스의 가치에 관하여]"(1818). 슐라이어마허의 이 텍스트에 대한 분석으로는 Dorion, 2013, pp. 1~26 참조.

들어 비판했다. 우선 크세노폰은 철학자라기보다는 오히려 군인이나 정치가에 가까웠고, 때문에 그가 소크라테스의 주요 철학적 입장을 충실하게 설명하는 데 있어서 최고의 자격을 갖춘 증인이라고 보기 어렵다. 그리고 크세노폰은 소크라테스의 가르침이 체제 전복적이라는 비난과 고발에 맞서 자신의 스승을 변호하는 데 과도한 열정을 쏟은 나머지 자신의 작품들 속에서 소크라테스를 최고의 전통적 가치 수호자로 묘사하고 있다. 바로 그 점에서 크세노폰이 전하는 소크라테스 증언의 입장은 보수적이며 관습적이다. 이 지점 때문에 사람들은 어떻게 그토록 단조롭고 따분한 철학자가 플라톤이나 에우클레이데스(메가라 학파의 창시자)처럼 천성적으로 반성적인 정신의 소유자들을 사로잡고 매혹시켰으며 또 그들을 감당할 수 있었는지 이해할 수 없게 된다.

　　　20세기 초에 이르러 크세노폰을 평가절하하는 이들이 슐라이어마허의 뒤를 따랐고, 크세노폰의 저술들에 나타난 소크라테스에 대한 옹호론적 성격을 비판하는 데 있어서 한 걸음 더 나아간다. 즉 크세노폰이 고발자들에 맞서 소크라테스를 너무나 잘 옹호한 나머지, 도대체 왜 소크라테스가 고발되었고 또 사형 판결을 받았는지 그 이유마저 이해하기 어렵게 돼버렸다는 것이다.

　　　슐라이어마허가 보기에 소크라테스는 분명 크세노폰이 우리에게 말해준 것 이상의 인물이었다. 왜냐하면 소크라테스가 《회상》이 우리에게 제공하는 모습으로 한정된다면, 사람들이 그에게 설정했던 어마어마한 철학적 영향들은 도저히 납득할 수 없는 것들로 남기 때문이다.[30] 슐라이어마허는 소크라테스에 고유한 "철학적" 영역—용어의 사변적이고 현대적인 의미에서—은 당연히 플라톤에게서 볼 수 있는 것이라고 생각했다. 그렇더라도 우리가 플라톤에게서 찾는 것이 크세노폰의 증언 가운데 믿을 만하다고 널리 알려진 자료들과 상충되어서는 안 될 것이다. 슐라이어마허는 역사적 소크라테스가 지녔던 사상의 철학적 내용을 규명하려는 사람들을 위해서 그가 제안하는 방법을 다음과 같은 질문 형식으로 분명하게 언급하고 있다.

> 우리는 크세노폰이 소크라테스에 관해 우리에게 전해주는 것 이상으로, 또한 그가 소크라테스 고유의 것이라고 우리에게 전해준 성격적 특징들이나 실천적 금언들과 충돌하지도 않으면서 소크라테스가 어떤 사람이라고 말할 수 있을까? 또 플라톤은 '대화편'에서 소크라테스에게 역할을 부여했는데, 그렇다면 플라톤에게 그럴 기회 혹은 권리를 제공했던 사람으로서 소크라테스는 과연 어떤 사람이어야 할까?

---

30   하지만 이렇게 가혹한 평가는 《회상》이 초창기 스토아학파에 끼쳤던 심층적인 영향의 여러 특징을 검토해보면 사실과 다른 것으로 드러날 것이다.(이 책 136쪽 참조)

이 방법론은 비록 적지 않은 난점들을 불러 일으켰지만,[31] 수세대에 걸쳐 철학사가들에게 역사적 소크라테스의 학설을 재구성하기 위한 접근을 가능케 하는 연구 프로그램을 확립해주었다. 그런 의미에서 적어도 프로그램 차원에서 가공할 만한 중요성이 있었다고 인정받는다.

결국 슐라이어마허의 이 논문은 크세노폰의 증언에 대한 추방령을 촉발하기에 이른다. 19세기와 20세기 초반의 철학사가들은 슐라이어마허가 정식화했던 두 가지 비판에 더하여 여덟 가지 비판을 추가했다.[32] 이러한 비판은 슐라이어마허의 연구가 나온 후 거의 100년이 될 때까지 이어졌다. 크세노폰의 저술에 대해 혹독하게 비판하는 독자적인 연구서들이 프랑스,[33] 영국[34] 그리고 독일[35]에서 불과 몇 년 사이를 두고 출간되었다. 그 결과 우리는 과연 《회상》의 저자에게서 더 이상 신뢰할 만한 무엇인가가 남아 있는지 알 수 없게 되었다. 사실 그 시대에 퍼져

---

31   Dorion, 2013, pp. 12~14 참조.

32   이 비판들에 관한 자세한 설명은 Dorion et Bandini, 2000, pp. XVII~XCIX 참조.

33   L. Robin, "Les Mémorables de Xénophon et notre connaissance de la philosophie de Socrate[크세노폰의 《회상》과 우리가 알고 있는 소크라테스의 철학]"(1910), In *La pensée hellénique*[헬라스의 사상], Paris, 1942, pp. 81~137 참조.

34   Taylor, 1911, 및 Burnet, *Plato's Phaedo*[플라톤의 《파이돈》], Oxford, 1911, pp. IX~LVI 참조.

35   Maier, 1913 참조.

있던 이 공감대가 그저 우연의 산물인 것만은 아니다. 한 세기 이전에 형성되었던 운동의 완결을 반영하는 것이기 때문이다. 이제 역사적 소크라테스가 모든 점에서 오직 플라톤의 소크라테스와 부합할 뿐이라는 주장까지는 단 한 걸음이 남았으며, 그 마지막 걸음은 바로 알프레드 테일러A. E. Taylor와 존 버넷J. Burnet 이 내딛게 된다. 버넷과 테일러의 입장은 19세기 초반에 슐라이어마허가 크세노폰의 저술에 부과했던 판결의 종착점이자 논리적 귀결인 것처럼 보인다.

거의 만장일치에 가까운 이 불신들이 크세노폰의 증언을 공격하고 있지만, 그렇다고 해서 이것이 "소크라테스의 문제"에 대한 어떤 해결책을 제시한 것은 아니다. 사실 철학사가들은 세 가지의 서로 다른 원천을 놓고 끊임없이 토론을 이어왔다. 대부분의 사람들이 플라톤에게 그 우선적 가치를 부여했으나, 다른 이들은 아리스토텔레스 혹은 아리스토파네스에게 우선적 가치를 부여했다. 요컨대 모두가―혹은 거의 모두가―크세노폰의 증언을 만장일치로 거부한 반면, 상대적으로 나머지 세 원천의 신뢰성 여부에 관해서는 누구도 서로 간에 합의를 보지 않았던 것이다. 특히 플라톤의 증언을 둘러싼 토론은 합의의 부재를 잘 드러내고 있다. 예컨대 플라톤의 '대화편'이 지닌 우선적 가치에 동의하는 주석가들만 보더라도, 우리는 그들이 역사적 소크라테스의 학설을 재구성하기 위해 의지하는 '대화편'들이 서로 같지 않음을 바로 확인할 수 있다.

어떤 사람들은 무엇보다도 《변명》을 신뢰한다. 많은 이들이 플라톤의 초기 작품 전체 혹은 그것 중 몇몇 작품에 근거한다. 반면 어떤 이들은 진위가 의심스러운 대화편들에 의지하기도 하며, 테일러와 버넷을 따라 플라톤이 소크라테스의 입을 통해 내놓은 모든 것이 역사적 소크라테스와 관련된다고 생각하기도 한다.

19세기 후반에 이르러 독일에서는 새로운 입장이 빛을 보게 된다. 이것은 역사적 "소크라테스의 문제"가 본질상 해결 불가능하다는 것을 보여줌으로써 향후 오랫동안 지속될 일종의 회의론을 배태하게 된다. 이 입장이 밝혀낸 주요한 점은 "소크라테스식 대화들 *logoi sokratikoi*"의 허구적 성격이다.[36] 이에 따르면 "소크라테스의 문제"는 모든 면에서 잘못 제기된 문제이다. 왜냐하면 이 문제는 소크라테스를 언급한 증언들의 정확한 본성에 대한 몰이해에 기초하고 있으며, 이 몰이해는 다시 잘못된 해석을 초래하기 때문이다.

"소크라테스의 문제"가 의미 있는 것이 되기 위해서는 소크라테스와 직접 대면했던 주요 증인들(예를 들면 크세노폰과 플라톤)이 그의 대화를 토씨 하나 안 틀리고 기록하지는 않더라도 최소한 대화의 내용과 그 정신을 전달하려는 목적으로 기록

---

36   K. Joël, "Der logos sokratikos[소크라테스식 대화]", *Archiv für Geschichte der Philosophie*[철학사 자료집], 1895 (8), pp. 466~483; 1896 (9), pp. 50~66 참조.

함으로써 그의 사상을 충실하게 재구성했어야 한다. 만일 그들에게 이런 의도가 있었다면, 우리는 어떤 증언이 역사적 소크라테스의 사상에 가장 잘 부합하는지 물을 만한 충분한 근거를 갖게 되었을 것이다. 그러나 모든 것을 고려할 때, 크세노폰도 플라톤도 소크라테스의 사상을 충실하게 보고하려는 계획은 아니었던 것으로 생각하게 된다. 사실 그들의 소크라테스 관련 저술들은 "소크라테스식 대화"라고 부르는 문학양식에 속한다. 이 같은 사실은 아리스토텔레스에 의해 분명하게 확인된다.[37] 또한 이 양식은 그 성격을 감안하면 대화의 배경과 관련해서뿐만 아니라 그 내용을 다루는 데 있어서도—즉 다양한 등장인물들에 의해 표현되는 사상들에 있어서도—대단히 자유로운 창작성을 허용한다.

　　"소크라테스식 대화"가 엄밀함을 지닌 사료처럼 읽거나 해석할 만한 것이 아니라, 많은 부분에 걸쳐 작가의 창작성을 담고 있는 문학작품처럼 읽거나 해석할 일이라면 "소크라테스의 문제"는 그 대상을 잃고 말 것이다. 또한 우리가 지닌 주요 자료들이 이미 자유로운 해석들이라면 다음과 같은 결과들이 도출된다. 즉 우리는 그것들 가운데 어떤 하나를 선호할 수 없다. 왜냐하면 역사의 장에서는 그렇게 하는 것이 결코 허용되지 않기 때문이다. 그리고 그러한 결과들을 받아들이려 해봐야 소용

37　　아리스토텔레스, 《시학》 1, 1447a28~b13; 《수사학》 III 16, 1417a18~21; 로제Rose가 편집한 《단편》 72(=아테나이오스 XV 505c) 참조.

이 없다. 왜냐하면 그것이 거의 대부분 불가능할 뿐만 아니라,
무엇을 받아들이든 결국 실망하게 될 것이 빤하기 때문이다. 사
실 그 증언들에 동의한다고 해서 반드시 그것이 우리가 객관적
인 자료들을 사용한다고 보증해주는 것은 아니다. 게다가 그런
동의는 대부분의 경우 그저 피상적인 일치로 귀착될 뿐이며, 오
히려 그런 일치는 더욱 근본적인 불일치를 은폐할 위험성마저
있다.

　　　분명 크세노폰과 플라톤은 소크라테스 관련 주제들을
적지 않게 공유하고 있다. 그러나 주제를 공유한다고 해서 역사
적 소크라테스의 것으로 돌릴 만한 어떤 공통된 학설의 도출이
허용되는 것은 아니다. 학자들은 플라톤과 크세노폰 사이의 근
본적인 일치를 "입증하기" 위해서는 약 십여 가지의 공통된 주
제를 확립하면 충분하리라고 생각했다(예를 들면 영적인 신호, 도
덕과학, 경건 개념, 자기에 대한 앎, 변증술, 자연 탐구에 대한 거부 등).
그러나 우리가 마음먹으면 이 주제들 각각을 다루었던 방식에
있어서 크세노폰과 플라톤이 유사하지 않다는 사실을 어렵지
않게 확인할 수 있을 것이다. 공통의 주제를 다룰 때 보이는 차
이는 중요한 문제이다. 최소한의 공통분모마저 대부분 무의미
한 것으로 치부될 수 있기 때문이다. 너욱이 소크라테스식 대화
들을 저술한[38] 그의 여러 제자들이 제각기, 심지어 동일한 저술

38　　　디오게네스 라에르티오스에 따르면 안티스테네스(VI 15~18), 아이스
　　　키네스(II 60~63), 파이돈(II 105), 에우클레이데스(II 108) 등이 "소크
　　　라테스식 대화들"을 썼다고 한다. 또 그는(II 121~125) 그밖에 많은 소
　　　크라테스 추종자들(예컨대 크리톤, 시몬, 글라우콘, 심미아스, 케베스) 역

에서도 소크라테스에 관해 엄청나게 다양한 초상을 제공했다고 볼 만한 여지가 도처에 널려 있음을 고려할 때(이 책 58~59쪽 참조), 소크라테스가 사후 빠르게 문학적 인물이 되었다는 주장 역시 개연성 있어 보인다. 이 문학적 인물은 자신의 고유한 존재성을 부여받았으며, 소크라테스주의자들 간의 상호 대립을 야기했던 경합과 논쟁의 중심에 놓였다.

한편 카를 요엘K. Joël에 따르면, 아리스토텔레스의 증언이 관심을 끄는 주된 이유는 그가 "소크라테스식 대화"의 저자가 아님에도 사람들이 그에게서 객관성을 기대했기 때문이다. 학자들은 이 객관성을 통해 플라톤과 크세노폰의 "소크라테스식 대화들" 속에서 무엇이 역사적 소크라테스의 고유한 것이고, 무엇이 그 두 제자의 문학적·철학적 창작성에 속한 것인지 입장을 정할 수 있을 거라 기대했던 것이다.

그러나 모든 것을 고려할 때 사람들은 이 스타게이로스 출신 철학자에게 너무 과도한 기대를 걸며, 또한 우리가 그에게 기대하는 심판 역할을 담당하기에는 역부족이라고 생각된다. 그 이유는 다음과 같다. 첫째, 아리스토텔레스의 증언 가운데 가

시 "소크라테스식 대화들"을 썼다고 하나, 이 자료들은 의심스럽다. 일반적으로 아리스티포스는 "소크라테스식 대화들"을 저술하지 않은 것으로 받아들여지고 있다. 로세티(2011, pp. 29~31)는 300편 가량의 소크라테스식 담론들이 있었으리라고 평가한다. 소크라테스 및 소크라테스주의자에 관한 증언들과 단편들을 모두 수록한 잔난토니의 작업(1990)은 이 분야 연구에 필수 불가결한 기념비적인 작품이라 할 수 있다.

장 중요한 부분, 즉 소크라테스의 사상을 묘사하는 부분 거의 전부가 플라톤의 대화편에 의존하고 있으므로 그가 독자적인 자료의 원천을 대표한다고 볼 수 없다. 둘째, 그가 소크라테스에 관해 우리에게 전해준 정보들은 매우 제한적이다. 요컨대 그가 침묵을 유지하는 한, 그의 증언만으로 공정한 판정을 내릴 수 없는 주제들이 여전히 많은 실정이다. 셋째, 아리스토텔레스의 증언은 종종 편파적이다. 이는 그가 자신의 고유한 철학적 관심 영역 속에서 또 이와 관련해서만 소크라테스를 해석한다는 의미에서 그러하다. 따라서 그의 진술이 객관적이고 공정하다고 생각한다면 오류를 범할 수 있는 것이다.(이 책 164~165쪽 참조)

슐라이어마허의 논문이 그 모든 성과를 거두기까지 수십 년을 기다려야 했던 것처럼, 요엘의 발견 역시 20세기 전반에 이르러서야 궁극적인 성과물을 얻게 된다. 최초로 "소크라테스의 문제"라는 영역을 다루며 철저하게 회의주의적 태도를 취했던 사람은 벨기에 출신 학자 외젠 뒤프렐E. Dupréel이다.[39] 하지만 이 "소크라테스의 문제"가 답을 찾아봐야 아무 소용도 없는, 그 자체로 잘못 제기된 문제라고 봄으로써 이 문제를 평정하는 데 가장 큰 기여를 한 사람은 누가 뭐래도 지공O. Gigon이다.

소크라테스에 관한 지공의 지술(1947)은 "소크라테스의 문제"를 포기하자는 편에 서 있는 강력한 선언이자, 소크라테

---

39   *La légende socratique et les sources de Platon*[소크라테스의 전설과 플라톤의 자료들], Bruxelles, 1922, pp. 398, 412~413, 426 참조.

스와 소크라테스적 전통에 대한 전혀 다른 유형의 탐구를 보여주는 도발적인 예시이다. 그에 따르면, 소크라테스적 문학양식은 그 허구성과 창작성Dichtung에 있어서 도저히 환원할 수 없는 부분을 담고 있는데, 이 부분은 그것 자체로 연구대상이 되어야 한다. 이를 위해서는 소크라테스라는 동일한 주제를 다룬 다양한 판본 사이에서 관찰되는 편차들에 주의를 기울여야 한다. 이는 철학적 배경 위에서 이 편차들이 어떤 의미를 갖는지, 또 소크라테스의 재현방식이 진화해온 것과 관련해 이 편차들의 범위가 어디까지인지를 밝히는 일이다. 또한 풍요로운 성과가 기대되는 연구 프로그램이긴 하지만 아직 그 약속들을 모두 지킨 것은 아니다.

　　이렇듯 소크라테스의 문제가 어느 쪽으로든 수렁에 빠져들 수밖에 없는 상황인 한, 우리는 소크라테스를 소개하기 위해 앞의 두 과정 가운데 어느 것에도 호소할 수 없는 처지다. 이 두 과정은 차라리 두 가지 수단이라고 말하는 게 적절할 것이다. 그 하나는 오직 한 종류의 사료적 원천을 선택하고 동시에 다른 것들은 문제를 해결할 수 없는 것으로 간주하고 배척하는 것이다. 다른 하나는 일종의 절충주의적인 태도를 취하며 여러 가지 원천으로부터 소크라테스의 철학을 "조립해"내는 것이다. 이때는 사료들 간에 드러나는 수많은 차이에 관해서는 축소하려고 애쓰거나 심지어는 침묵한다.

　　따라서 소크라테스의 문제란 결코 해결될 성질의 것이

아니라는 우리의 확신, 그리고 소크라테스의 직접 증언자들에게서 나타나는 그의 여러 가지 모습을 펼쳐보고자 하는 욕구를 고려해, 우리는 도저히 파악이 불가능한 역사적 소크라테스 대신 우리의 주요 원천들이 그려내고 있는 소크라테스의 다양한 초상을 소개하는 쪽을 선택했다. 그 원천들이란 바로 아리스토파네스, 플라톤, 크세노폰 그리고 아리스토텔레스의 증언이다.

3장

—

아리스토파네스의
소크라테스

소크라테스에 관한 가장 오래된 증언들은 뜻밖에도 철학자 집단에서 나오지 않고 아티카 희극에서 발견된다. 우리가 잠시 후에 길게 언급할 아리스토파네스 외에도, 소크라테스를 제물로 삼았던 희극작가들은 최소한 네 명이 더 있다(아메입시아스, 텔레클레이데스, 칼리아스 그리고 에우폴리스). 하지만 불행하게도 이 작가들의 작품은 극히 소수가 전해지고 그것도 보잘것없는 단편들이 고작이다.[40]

이것들로는 소크라테스의 사상에 관해 아무것도 알 수가 없다. 왜냐하면 이 단편들은 소크라테스가 당대의 "지식인들"과 공유했던 몇몇 특징을 웃음거리로 만드는 일에 만족했기 때문이다. 그들은 그가 수다쟁이였고 가난했으며 굶주리다 못해, 심지어는 배를 채우기 위해 도둑질까지 서슴지 않았다는 식으로 소크라테스를 희화했다.

그럼에도 이 단편들을 통해서 소크라테스가 서기전 5세기의 마지막 사반세기에 이미 유명세를 타고 있었다는 사실을 확인할 수 있다. 아리스토파네스의 《구름》이 댓디오니소스 제전에서 3위에 입상한 해(423년)에 아메입시아스가 《코노스》─"코노스"는 소크라테스에게 키타라 연주법을 가르쳤던 음악 선생의 이름이다─라는 작품으로 2위를 차지했다.[41]

우리의 판단이 맞다면, 아리스토파네스는 그중 가장 맹

---

40   SSR I A 1~2, 10~18 참조.
41   플라톤, 《에우튀데모스》 272c, 295d; 《메넥세노스》 235e 참조.

렬하게 소크라테스를 공격했던 희극작가이다. 그는 두 편의 작품에서[42] 소크라테스를 조롱했는데,《구름》에서는 아예 작품 전체를 그를 공격하는 데 할애했다. 다행히도 이 작품은 온전한 모습으로 우리에게 전해졌다. 이 작품은 소크라테스의 몇몇 행적을 조롱하는 것으로 그치지 않고, 그를 철학적 탐구에 몰두하는 스승의 모습으로 소개했다.

    바로 여기서 무척 흥미로운 점들이 발견된다. 이 작품의 줄거리를 요약하면 이렇다. 스트렙시아데스라는 농부는 아들 페이디피데스가 말에 미쳐서 진 빚으로 인해 무척 괴로워하고 있었다. 스트렙시아데스는 빚쟁이들로부터 벗어나기 위해 "사색원 *phrontistêrion*"에 다녀보기로 결심한다. 사색원은 소크라테스가 스승으로 있는 학교로, 거기서 소크라테스는 수사법의 절차와 그 미묘한 사용을 통해 바르지 못한 주장이 논쟁에서 승리할 수 있는 방법을 가르치고 있었다.

    스트렙시아데스가 입학 허가를 받기 위해 "사색원"을 방문했을 때, 소크라테스는 장대에 걸린 바구니 속에 들어앉아 천체 현상을 탐구하는 데 열중하고 있었다. 스트렙시아데스는 소크라테스의 가르침을 받을 만한 재능이나 자격이 없는 열등생으로 드러났기에, 아들 페이디피데스를 대신 "사색원"으로 보내 수사법 교육을 받게 했다. 아들이 수사법 교육을 받으면 자신

---

42   《새》1280~1284, 1553~1556;《개구리》1491~1499 참조.

이 빚쟁이들을 피하는 데 도움을 줄 것이라 기대했던 것이다. 과연 아버지보다 훨씬 재능이 많았던 페이디피데스는 성공적으로 소크라테스의 가르침을 따랐고, 스트렙시아데스가 빚쟁이들로부터 벗어날 수 있게 해주었다.

그러나 기쁨도 잠시, 그 승리는 곧 스트렙시아데스에게 부메랑이 되어 돌아온다. 바르지 못한 추론을 통해 받은 교육으로 막강해진 아들은 아버지를 때려도 정당하다고 생각할 뿐만 아니라, 뻔뻔스럽게도 아버지가 하는 것과 똑같이 자기도 아무 거리낌 없이 어머니를 상대하겠다고 주장하기에 이르렀기 때문이다. 자식이 이렇게 후안무치해진 직접적인 원인이 소크라테스의 가르침에 있었다는 것을 알게 된 스트렙시아데스는 마침내 "사색원"에 불을 지름으로써 이 새로운 교육을 끝내버리기로 결심한다.

극의 대단원을 장식하는 학교 방화는 돌이켜보면, 소크라테스를 겨눴던 재판이 벌어지기 약 25년 전에 그에게 미리 보낸 엄중한 경고와 같은 느낌을 준다. 하지만 이 작품이 399년에 소크라테스를 법정에 세우게 될 세 가지 고발 항목을 예견했다고 단정하기는 어렵다. 작품 속에서 소크라테스는 도시가 믿는 신들을 더 이상 믿지 않고(247~248, 367, 830 참조) 새로운 영적인 것들, 예컨대 구름, 허공, 혀로 이루어진 세 가지 원리(이 책 423~424)로 대체했다. 게다가 페이디피데스가 자기 부모에게 보인 오만무례한 짓은 소크라테스의 가르침이 사실상 젊은이들의

타락에 영향을 끼쳤다는 점을 드러내고 있다.(928, 1321~1475)

　　　소크라테스를 겨눴던 고발 항목과 정확하게 일치하는 이 세 가지와 관련해,《구름》의 소크라테스는 플라톤과 크세노폰이 우리에게 전해주는 소크라테스의 모습과 극단적으로 대립된다. 이 시인과 소크라테스의 제자들 사이에 나타나는 대립은 단순히 이 같은 세 가지 측면만으로 그치지 않는다. 우리는 그밖에도 몇 가지 중요한 대립점들을 확인할 수 있다. 우선《구름》의 소크라테스는 보수를 받고 약한 주장으로 강한 주장을 꺾을 수 있는 수사법의 수단을 가르치는 반면, 플라톤(《변명》 19e, 31b)과 크세노폰(《회상》 I 2, 5~6)은 소크라테스가 어떠한 보수도 받지 않았을뿐더러 그가 그런 것을 가르친다고 하는 것은 일종의 중상모략이라고 말한다.[43] 또한《구름》의 소크라테스는 자연 탐구에 적극적이며 자연현상의 물질적 원인을 연구하는 데 몰두한다.

　　　이에 반해 플라톤(《변명》 19c~d)과 크세노폰(《회상》 I 1, 11~16)이 전하는 소크라테스는 자연에 대한 숙고로부터 등을 돌리고 인간사 문제를 철학적 성찰의 우선적인, 심지어 배타적인 대상으로 여기기까지 한다.

　　　《구름》에서는 또 소크라테스가 외부에 대해 "폐쇄적인" 학교의 교장이며 그런 성격의 제자들을 거느린 것으로 묘사된다. 반면에 플라톤과 크세노폰의 소크라테스는 학교는커녕

43　　　플라톤,《변명》19b, 23d; 크세노폰,《회상》 I 2, 31 참조.

제자들도 없었다.[44] 그에게는 오직 "동료들"이 있었을 뿐이고, 공공장소에서 대부분의 시간을 보내며 부자건 가난뱅이건 늙은이건 젊은이건 상관없이 거기서 우연히 마주치는 사람과 대화를 나누면서 지낸다. 아울러《구름》의 소크라테스는 사려 깊은 모습이라곤 조금도 보이지 않는다. 사려란 오직 바른 추론을 통해서만 옹호될 수 있는 것이기 때문이다.(961~965) 그런데 플라톤[45]과 크세노폰에게서 사려는 소크라테스가 지닌 중요한 덕목들 가운데 하나로 설명된다.(이 책 148쪽 이하 참조)

　　　마지막으로,《구름》에서 소크라테스는 생계유지를 위해 아무런 거리낌 없이 남의 옷가지를 훔치기도 하는데(177~179, 856, 1498), 플라톤의 소크라테스는 절대로 타인에게 해를 입혀서는 안 되며, 설령 상대가 적이라 할지라도[46] 그래야 한다고 주장한다. 크세노폰의 소크라테스 또한 엄격할 정도로 검소하고 자족적인 사람이기에 절대로 다른 사람의 부를 탐내지 않았다.[47]

　　　《구름》에 나오는 소크라테스와 두 제자들이 말하는 소크라테스 사이에 존재하는 이 명백한 불일치들을 설명하기 위해

44　　　플라톤,《변명》19d, 33a~b; 크세노폰,《회상》I 2, 3 참조.

45　　　《향연》217a~220d 참조.《카르미데스》는 사려의 덕을 작품 전체의 주제로 삼은 작품으로, 여기서 소크라테스는 의심할 바 없이 사려를 체현한 사람의 전형으로 등장한다.

46　　　《크리톤》49c~d;《국가》I 332d~336a 참조.

47　　　《변명》16 ; 이 책 150~152쪽 참조.

다양한 가설이 구성되었다. 우리는 그 가운데 두 가지 정도를 의미 있는 것으로서 다뤄보고자 한다. 첫 번째 가설에 따르면,[48] 아리스토파네스는 소크라테스를 통해 특정 개인을 비판하려 했다기보다는 오히려 하나의 유형, 즉 소피스트와 지식인이라는 유형을 비판하려 했다. 달리 말하면 소크라테스는 더도 덜도 아닌 하나의 본보기, 즉 지식인 집단에 속하는 사람들을 대변하는 한 명의 대표에 불과했던 것이다. 그리고 아리스토파네스가 그를 공격한 이유는 혁신적 사상 때문이다. 그가 보기에 소크라테스의 사상은 위험한 것이었고, 이 지식인들이 아테네에서 특히 그곳의 젊은이들 사이에서 그 사상을 확산시키고 있었던 것이다.

따라서 《구름》의 소크라테스는 일종의 캐리커처 내지는 어쩌면 다양한 사상가 집단에서 빌려온 특징들을 이리저리 조합해 그려낸 초상에 더 가깝다고 볼 수 있다. 예를 들어 소크라테스가 천체 현상과 자연 탐구에 관심을 보인다는 설정(94~97, 228, 1284)은 "소크라테스 이전 철학자들"이라 불리는 사람들이 사색했던 모습을 분명하게 상기시킨다.

극 속에서 소크라테스가 설명했던 몇 가지 이론의 경우 그 기원을 확인하는 것도 가능해 보인다. 우리는 공기와 사유가 유사하다고 말하는 문장(229~230)에서 소크라테스와 동시대인

---

48 특히 K. J. Dover, *Aristophanes: Clouds*[아리스토파네스의 《구름》], Oxford, 1968, pp. XXXII~LVII 참조.

이기도 했던 아폴로니아의 디오게네스가 잘 다듬어놓은 이론[49]
을 떠올릴 수 있다.

　　이런 몇 가지 특징을 통해서 《구름》의 소크라테스가 고
대 자연철학자들을 연상시킨다면, 또 다른 특징들을 통해서는
소피스트들을 떠오르게 한다. 소피스트들과 마찬가지로, 소크
라테스는 재판과정에서 진실 여부나 특정 주장이 건전하게 확
립되었는가의 여부에 관계없이 해당 주장이 승리하도록 보장하
는 수사술을 보수를 받고 교육했다고 묘사되었다.

　　소크라테스가 문법, 특히 명사의 성에 관심을 보였다
(660~693)는 이유로 동일한 주제에 관심을 기울였던 프로타고
라스와 연관되기도 한다.[50] 이밖에도 《구름》의 소크라테스 묘사
에는 피타고라스학파를 연상시키는 특징들도 있다. 무엇보다
제자들에 의해 그 비의가 유지된다는 점(140)을 비롯해, 새로운
제자의 입교를 허락할 때 거치는 입문의식과 같은 특성(258)이
그러하다.

　　《구름》의 소크라테스에게서 이리저리 조합된 지식인
들의 모습을 볼 수 있다는 해석은 일반적으로 소크라테스에게
귀속되기 어려운 특징들까지 설명할 수 있다는 장점을 갖는다.
그렇지만 이러한 해석은 소크라테스라는 인물과 관련해서, 예

49　　H. Diels et W. Kranz, *Die Fragmente der Vorsokratiker*[소크라테스 이전
　　　철학자들의 단편들], Berlin, 1922, B 2, B 4.

50　　앞의 책, A 27~28 참조.

컨대 그가 맨발로 다녔고(103, 363) 가난했다(175, 185~186)는 등
의 덜 중요한 특징들은 차치하고서라도 그의 고유한 특징이라
고 할 만한 것까지도 버려야 한다는 어려움을 낳는다. 결정적으
로 왜 이 희극의 인물로 소크라테스를 선택했는가에 관한 설명
을 포기해야 한다는 문제를 발생시킨다.

　　　한편 두 번째 해석은 첫 번째 해석이 《구름》에서 밝혀
내기를 포기한 것, 즉 작품 속 소크라테스의 초상이 갖는 역사
성을 구체적으로 옹호한다.[51] 아리스토파네스는 자신이 소크라
테스에게 귀속시킨 특징들을 서로 다른 자료나 다양한 집단에
게서 빌려오지 않았다. 그것은 소크라테스의 고유한 것을 사라
지게 하는 위험을 감수하는 일이기 때문이다. 그와 반대로 아리
스토파네스는 희극이라는 환경이 허용하는 범위 안에서 최대한
충실하게 소크라테스의 철학적 관심사들을 그려나갔다. 그렇
다면 《구름》의 소크라테스와 크세노폰 및 플라톤의 소크라테스
사이의 도저히 해소 불가능해 보이는 대립들은 어떻게 설명할
수 있을까? 이 대립들을 설명하는 길은 소크라테스의 사상이 진
화되었다고 보는 것이다.

　　　우리는 《구름》이야말로 소크라테스가 살아있을 때 나
온 유일한 증언이란 사실을 기억해야 한다. 또한 이 작품이 저술
되던 시기(423년)에 플라톤(428~348년)과 크세노폰(430~355년)은

51　　　특히 Paul A. Vander Waerdt, "Socrates in the Clouds", in Vander Waerdt,
　　　　1994, pp. 48~86 참조.

어린아이였음을 상기할 필요가 있다. 그러므로 우리는《구름》의 저술 당시 대부분의 철학자들과 마찬가지로 소크라테스 역시 자연 및 천체 현상에 관한 탐구에 맹렬한 관심을 쏟아붓고 있었을 가능성을 배제할 수 없다. 이 가능성은 소크라테스의 지적 발전을 다룬 전기를 통해서 확인되었거니와 상당한 힘을 얻고 있기도 하다. 예컨대 소크라테스가 아르켈라오스와 아낙사고라스의 제자였다고 주장하는 몇몇 증언을 믿어본다면(디오게네스 라에르티오스,《생애》II 19) 소크라테스가 자신의 "이력"을 쌓아가던 초기에 자연 탐구에 열중했다고 상상해보는 것도 터무니없는 일만은 아닐 것이다.

　　　이 가설은《파이돈》에서 장문에 걸쳐 개괄하고 있는 이야기(95e~99d)와도 밀접한 관계를 맺고 있는데, 사람들은 이것이 실제로 소크라테스의 자전적인 부분이라고―우리가 보기엔 그렇지 않지만―간주하곤 했다. 거기서 소크라테스는 어떻게 해서, 어떤 환경 속에서, 무슨 이유로 그 자신이 자연 탐구에 일시적으로 심취했다가 결정적으로 그런 유형의 탐구로부터 등을 돌리게 되었는지를 설명했다. 그렇다면 아리스토파네스는 플라톤과 크세노폰이 직접 알지 못했던 소크라테스의 한 단면을 그려낸 셈이다.

　　　이 두 번째 해석의 경우,《구름》에 등장한 소크라테스라는 인물의 역사성을 포기하지 않는다는 점은 분명한 강점으로 보인다. 역사성이란 설령 희극 장르에서라 할지라도 어떤 식으로든 필수 불가결한 요소이다. 왜냐하면 어떤 등장인물이 실제 역사적 모델과 생경할 정도로 동떨어져 있다면, 관객의 웃음을 터뜨리기가 어렵기 때문이다. 그러나 이 해석의 중대한 약점은《구름》의 소크라테스가 보이는 두 가지 주요 측면 가운데 오직 한 가지, 즉 그가 자연 탐구에 관심을 보였다는 면만을 설명한다는 데 있다.

　　사실 이러한 해석으로는 소크라테스란 인물에게서 너무도 분명하게 나타나는 소피스트적인 모습을 설명해낼 수 없다. 그런데 문제는 이러한 소피스트적인 모습이야말로 극의 줄거리를 구성하는 가장 중요한 측면이라는 사실이다. 왜냐하면 결과적으로 스트렙시아데스가 소크라테스의 "사색원"을 찾아가도록 만든 것은 거기서 빚쟁이들로부터 벗어나게 해줄 토론 능력을 얻으리라는 희망이었지(239), 자연에 관한 앎을 얻겠다는 욕구가 아니었기 때문이다.

　　사실 자연을 탐구해서 그가 무슨 이익을 얻어내겠는가? 그런데도 우리가《구름》에 등장하는 소크라테스란 인물이 근본적으로 역사성을 갖는다는 이 두 번째 해석을 따른다면, 우리는 소크라테스가 젊은 시절 한때 소피스트였다는 결론 또한 내려야 할 것이다. 그러나 이 명제는 다른 어떠한 역사적 증언을 통해서도 지지받지 못한다. 사람들은《구름》에서 묘사된 소크라테스의 소피스트적인 모습을 최소화하거나 심지어 부정하기 위해서 많은 노력을 전개했지만, 어떤 확실한 것도 얻어내지 못했다.

　　또한 소크라테스의 그런 모습을 이리저리 재단하는 것으로는 도저히 설명할 길이 없다고 해서 결국 모두 극의 코믹한 효과를 강조하기 위해 첨가된 특징들이라고 인정하게 되면, 바로 그 인정한다는 사실 자체에 의해 그들은 경쟁 관계에 있는 앞의 해석, 즉 소크라테스의 초상은 이것저것 짜기운 것이란 해석이 더 잘 확립된 것이라고 인정해야 할 처지에 놓이게 된다.

　　《구름》에 등장하는 소크라테스가 역사적 인물인가, 아니면 이런저런 특징들로 조합된 허구적 인물인가 하는 물음은 언제나 격렬한 논쟁만을 낳았다. 이 논쟁이 이런 의미로든 저런 의미로든 결정적인 해결책을 찾으리라고 기대하는 것은 쉽지 않아 보인다. 그렇지만 적어도 한 가지는 의심의 여지가 없다. 그것은 이런 소크라테스의 초상이 아테네인들의 여론에 걷잡을 수 없는 영향을 끼쳤다는 사실이다. 소크라테스는 종종 고대 희극작가들의 표적이 되긴 했지만, 플라톤이 《변명》(18b~d)에서 소크라테스의 입을 통해 이야기한 것을 놓고 판단해보건대, 다른 어떠한 작품도 《구름》만큼 그를 심하게 왜곡하지는 않았던 것처럼 보인다.

　　사실 399년에 소크라테스가 재판정에 섰을 때, 그는 자신을 고발했던 자들을 상대로 변론을 해야 했을 뿐만 아니라, 그 자신이 "최초의 고발자들"(《변명》 18b)이라고 일컬었던 사람들에 맞서서도 스스로를 방어해야 했다. 그들은 물론 희극작가들

로서 지난 20여 년간 그를 괴롭혀온 온갖 비방의 진원지들이었
다. 소크라테스의 고백 자체만을 놓고 보면, 이 최초의 고발자들
은 두 번째 고발자들에 비하면 훨씬 더 무시무시한 상대였다. 왜
냐하면 이들의 주장은 다음과 같았다.

> 여러분[즉 판관들]이 어렸을 적부터 여러분에게 영향을 끼침으
> 로써 진실 여부와는 상관없이 이런 비난을 나한테 쏟아부으면서
> 여러분을 설득했던 것입니다. 즉 소크라테스란 사람이 있는데,
> 그는 지혜로운 자이자 '사상가'로서 하늘에 있는 것들에 관심을
> 갖고 지하에 있는 모든 것을 탐구하며 가장 약한 주장을 가장 강
> 한 것으로 만든다고 말입니다.[52]

        그를 향한 "최초의 고발자들" 가운데 우두머리는 두말
할 것도 없이 아리스토파네스였다.《변명》의 방금 인용한 대목
(18b~c)뿐만 아니라, 아리스토파네스와 그의《구름》을 분명하
게 암시하고 있는 플라톤[53]과 크세노폰[54]의 작품들 속 무수한 대
목이 그것을 증언하고 있다. 따라서 이른바 "소크라테스식 대화
들"에 흔히 나타나는 옹호론적인apologétique 목표는 399년에 있
었던 고발 항목들 및 폴뤼크라테스의 문건(393년)을 겨냥하는

---

52   《변명》18b.
53   《변명》19b~c;《향연》221b;《파이돈》70b~c 참조.
54   《향연》VI 6~VII 4;《경영론》III 7~10, XI 3, XI 18, XI 25 참조.

것에 국한되지는 않는다. 왜냐하면 그 목표는 다양한 희극 작품 속에서 생전의 소크라테스를 대상으로 삼았던 공격들을 상대하는 데까지 확대되었기 때문이다. 그리고 그 작품들 가운데 최고는《구름》이었다.

4장 ———— 플라톤의
소크라테스

"거의 모든 분야에서 나는

자기가 안다고 생각하지만 실제로는

무지한 사람들을 만났을 따름이다.

따지고 보면 스스로 안다고

상상하는 것보다 더 나쁜 것도 없다."[55]

우리가 가장 길게 다루는 소크라테스의 초상은 플라톤이 우리에게 전해준 것이다. 그런 이유는 비단 플라톤의 대화편들이 소크라테스에 관한 가장 풍부한 증언들을 담고 있기 때문만은 아니다. 무엇보다 후대의 그리스 철학뿐만 아니라 서양 철학의 전통 전반에 걸쳐 가장 커다란 영향을 끼친 소크라테스가 바로 플라톤의 소크라테스이기 때문이다. 그러므로 우리가 플라톤의 소크라테스를 특별하게 자리매김하는 것은 지극히 정당하다고 할 수 있다.

플라톤의 소크라테스에서 나타나는 주요 입장들을 설명하기에 앞서 우리는 방법론적 문제를 해결해야 한다. 소크라테스라는 인물은 20편 이상의 대화편에 등장하는데, 이들 저술은 거의 50년에 걸쳐 이루어졌다. 이 긴 저술 기간 동안 플라톤은 사상의 진화를 겪었을 테고 간혹 서로 양립할 수 없는 철학적 입장들이 있었을 것이다. 그는 이런 경향을 주저 없이 소크라테스에게 부여했던 것으로 보인다. 이와 관련하여 철학자들은 십여 개의 주제를 꼽는데, 청년기 대화편의 소크라테스가 옹호하던 입장들은 완숙기 대화편에 등장하는 소크라테스의 입장들과 정확하게 대립하고 있다.[56] 따라서 플라톤의 대화편 전체에서 동

---

55   Émile Cioran, *Cahiers 1957~1972*[노트 1957~1972], Paris, 1997, p. 387.

56   블라스토스G. Vlastos, 1994a, 2장 "Socrate contre Socrate chez Platon[소크라테스 대 플라톤의 소크라테스]", pp. 69~116 참조. 사람들은 19세기 말 이래로 플라톤 대화편들의 저술 시기를 다음과 같이 셋으로 나눈다.

질적이며 단일한 소크라테스의 학설을 추출해낼 수 있을 거라는 기대는 헛된 생각이다. 이런 조건 속에서 우리는 소크라테스 철학을 설명하기 위해 어떤 대화편들을 주요하게 고려할 것인지를 정해야 한다. 대화편들을 연대기 순으로 따라갈 경우, 소크라테스의 모습이 점차 사라져가는 경향이 보인다는 점을 감안할 때—예컨대 플라톤의 최후 대화편인 《법률》은 소크라테스라는 인물이 등장하지 않는 최초의 작품이자 유일한 작품이다—소크라테스가 분명하게 대화의 주도자로 등장하는 초기 대화편들을 신뢰하는 것이 바람직할 것이다.

　　사람들은 청년기 대화편들이야말로 역사적 소크라테스의 사상을 충실하게 나타내고 있다는 명분하에 이 작품들을 "소크라테스적"이라고 여겨왔다. 사실 청년기 대화편들에 대해 "소크라테스적"이란 평가를 유지하는 것이 부당해 보이기도 하고 오용하는 듯한 인상을 주기도 한다. 소크라테스를 등장시킨 완숙기나 노년기 대화편들에 대해 청년기 대화편들이 더 "소크라테스적"이라 할 정당한 근거가 없다는 점에서도 그러하다. 그

---

① 청년기〔초기〕 대화편 《변명》《크리톤》《소小히피아스》《대大히피아스》《이온》《알키비아데스》《라케스》《프로타고라스》《메넥세노스》《에우튀프론》《고르기아스》《카르미데스》《메논》《뤼시스》《에우튀데모스》
② 완숙기〔중기〕 대화편 《크라튈로스》《향연》《파이돈》《국가》《파이드로스》《파르메니데스》《테아이테토스》
③ 노년기〔후기〕 대화편 《소피스트》《정치가》《필레보스》《티마이오스》《크리티아스》《법률》

럼에도 사람들이 플라톤의 작품에 등장하는 소크라테스 철학을 설명하기 위해 청년기 대화편들에 의지한다는 사실은 여전히 정당화될 수 있다. 이러한 청년기 대화편들에 대한 특별한 선호는 그것이 역사적 소크라테스의 사상을 충실하게 설명하고 있다는 가설 때문이 아니라, 오히려 뒤에 오는 대부분의 대화편들보다 더 능동적이고 더 결정적인 역할을 한다는 사실에 의해 정당화된다.

　　이밖에도 청년기 대화편들은 이른바 소크라테스적 주제들, 다시 말해 다른 "소크라테스식 대화들"의 저자들, 특히 크세노폰에 의해서 제시되고 또 논의된 주제들을 상당 부분 포함하고 있다. 가령 소크라테스가 존재론, 형이상학, 인식론 그리고 수학에 관한 물음들―즉 그가 완숙기와 노년기의 대화편들 속에서 왕성하게 토론했던 모든 주제―보다는 오히려 윤리적, 정치적 물음들을 본질적인 것으로 보고 이것들에 전념했던 것이 사실이라고 한다면, 청년기 대화편들이야말로 인간사에 대한 배타적인 관심을 가장 잘 그려낸 작품들이라 할 수 있다.

1 델피 신탁: 소크라테스가 영위한 철학적 삶의 유래

청년기 대화편 가운데《변명》이야말로 소크라테스 철학의 중심 주제들을 가장 풍부하게 제시하는 작품이라는 데에는 이견이 없다. 사실《변명》이 그저 당시 상황에 대한 기술이라고만 생각하는 것, 즉 플라톤이 재판과정에서 소크라테스가 주장한 내용만을 보고하려 했을 뿐 스승의 굵직굵직한 철학적 노선들에 관해서는 아무런 설명도 하지 않고 있다고 생각하는 것은 잘못이다. 그와 반대로《변명》은 일종의 철학 선언이다. 거기서 소크라테스가 행한 방어는 그가 살아온 삶에 대한 묘사로 이해될 수 있으며, 그 삶 자체가 철학적 훈련과 한데 어우러진 것이기 때문이다.

법정에서 소크라테스는 자신이 살아온 삶의 양식을 정당화하기 위해, 또 그 삶이 어떻게 자신에 대한 적개심을 불러일으켰는지를 해명하기 위해, 친구인 카이레폰이 델피에 들러 신탁을 청했을 때 신녀 퓌티아가 내려준 자신에 관한 신탁 내용을 들려줄 필요가 있다고 생각했다. 카이레폰이 퓌티아에게 혹시 소크라테스보다 더 지혜로운 사람이 있는지를 묻자, 퓌티아는 그보다 더 지혜로운 사람은 없다고 대답했다고 한다.(21a) 이 신탁을 전해들은 소크라테스는 처음에는 믿기지 않았다. 자신은 아무런 지식도 갖고 있지 않다고 스스로 인정해왔기 때문이다. 하지만 신탁의 진실성을 의심할 수도 없는 노릇이었다. 신이 거짓말을 한다는 것은 있을 수 없는 일이기 때문이다.

신탁이란 일종의 수수께끼처럼 내려지기에, 그 숨은 의미를 밝힐 필요가 있겠다고 생각한 소크라테스는 당시 지혜로운 자로 명성을 떨치고 있던 정치가를 찾아 나선다. 그리고 많은 질문을 던진 끝에, 그는 자신이 지혜롭다고 믿지만 사실은 그렇지 않다는 것을 확인하게 된다. 소크라테스는 그가 이중의 무지를 겪고 있다고 파악했다. 즉 그는 자기가 모르는 것을 안다고 생각하므로, 실제로는 자신이 무지하다는 사실조차 모르고 있는 것이다. 세상에 무지보다 더 나쁜 것은 없다. 아니, 오히려 무지야말로 세상의 모든 악의 근원이다. 이 정치가와 달리 소크라테스는 자신이 모르는 것을 안다고 생각하지 않았다. 바로 이 점에서 소크라테스는 이 사람보다 더 지혜로웠다. 소크라테스는 바로 이 전적으로 인간적인 지혜와 관련하여 지혜로웠던 것이다. 인간적 지혜란 자신의 무지를 깨닫는 것이다. 진정한 지혜는 신들의 소관이며 오직 신들만이 소유할 수 있다.

그다음으로 소크라테스는 지혜로 명성을 날리던 또 다른 정치인들을 찾아 나선다. 그럴 때마다 그들이 갖고 있다고 주장하는 지혜는 순전히 겉모습일 뿐인 것으로 드러났다. 정치인들에 이어서 소크라테스는 지혜로운 자로서 명성이 높은 시인들에게 질문을 던진다. 하지만 시인들은 사람들이 그들의 작품에서 발견하곤 하는 아름다운 시구들에 관해 그들 역시 어떠한 참된 앎도 갖고 있지 않다는 사실을 드러낼 뿐이었다. 시인들의 이런 허위는 대화편《이온》에서도 등장한다. 즉 그들은 무당이나 예언자와 마찬가지로 신적인 영감을 얻어서 진리를 이야기하지만 정작 그것에 관해 설명하지는 못한다는 것이다. 소크라테스가 볼 때 시인들 역시 정치가들과 동일한 악을 겪고 있는 셈이었다. 실제로는 알지 못하면서 안다고 믿고 있었던 것이다.

　　자신의 여정을 계속하던 소크라테스는 마지막으로 "지혜_sophia_"로 명성을 떨치던 세 번째 부류의 사람들, 즉 장인들과 기술자들을 찾아 나선다. 그는 그 사람들이 훌륭한 제품을 만들어낼 수 있는 "기술적 역량_sophia_"을 지니고 있음을 기꺼이 인정했다. 그렇지만 그들 역시 자기들 각자의 영역에서 유능하다는 한 가지 사실만 가지고서 가장 중요한 주제들, 즉 올바른 것과 부당한 것, 좋은 것과 나쁜 것 등에 대해서까지 지혜를 갖춘 것으로 착각하고 있음을 깨닫게 된다. 소크라테스는 질문들을 통해 이른바 장인들의 지식이라는 것이, 앞서 말한 가장 중요한 문제들과 관련해, 정치인이나 시인들이 가진 환상보다 조금도 덜하지 않다는 사실을 쉽게 밝힐 수 있었다.

　　소크라테스가 신탁의 진정한 의미를 파악하겠다는 희망으로 동포 시민들을 상대로 벌였던 탐구는 마침내 퓌티아가 내려준 판결의 정당성을 드러냈다. 즉 실제로는 모르는 것을 안다고 여기는 다른 사람들과 달리, 소크라테스는 자신이 가지고 있지 않은 지식을 가지고 있다고 주장하지 않는다는 한에서 가장 지혜로웠던 것이다.

이와 같이 소크라테스는 스스로 안다고 믿지만 실제로는 무지한 인간들과 유일하게 참된 지식을 소지한 신들 사이에서 중간자로 자리하고 있었다. 실제로 이 지위는 플라톤이《뤼시스》(218a~b)와《향연》(203e~204a)에서 묘사한 그대로, 철학자라는 지위와도 일치한다. 그 이름이 적시하고 있는 것처럼, 철학자philosophe란 신에만 속하는 "지혜sophia"를 "갈구하는philei" 사람이기 때문이다. 그러나 이런 열망은 우리가 자신의 무지를 인정하는 것을 우선적으로 전제한다. 왜냐하면 스스로 안다고 생각하는 자는 자신에게 정말로 결핍된 앎을 탐구하는 일에 결코 나서지 않을 것이기 때문이다.

소크라테스가 다른 사람들에 비해 우월하다는 사실은 절대적인 것도, 결정적인 것도 아니다. 그 우월성은 모든 사람의 손에 닿을 만한 것이기 때문이다. 그저 소크라테스처럼 자기들이 사실은 무지하다는 사실만 깨달으면 되는 것이다. 소크라테스가 신탁으로부터 얻어낸 해석에 따르면, 신은 소크라테스가 가장 지혜롭다고 선언하는 것으로 만족하지 않는다. 왜냐하면 그는 다른 사람들도 소크라테스만큼 지혜롭게 되도록 권하기 때문이다.

그뿐만 아니라 만일 신께서 여러분 앞에 서 있는 이 소크라테스에 관해 말씀하셨다면, 그것은 아마도 저를 본보기로 삼아 제 이름을 사용하신 것이겠지요. 이렇게 말씀하시려 말입니다. '인간들이여, 누구든 소크라테스처럼 지혜 앞에서 실로 아무것도 아님을 깨달은 자가 있다면, 너희들 가운데 그야말로 가장 지혜로운 자이니라.'[57]

모든 사람이 그의 지혜에 다가설 수 있음을 그 자신이 신탁을 통해 깨닫게 되자, 소크라테스는 신이 자신에게 과업을 부여했다고 생각하기에 이른다. 그 과업이란 사람들로 하여금 자기들도 모르는 사이 안주하고 있었던, 또한 그들이 더 나아질 수 있는 길을 막아왔던 바로 그 무지를 깨닫게끔 하는 일이다. 신탁 이야기에 관한 이 짧은 요약으로는 그 풍부한 내용을 결코 다 퍼올릴 수 없다. 이 이야기가 제기하게 될 수많은 문제를 생각할 때 더욱이나 그렇다. 요컨대 우리가 이 요약에서 살짝 맛본 몇몇 주제에 대해 한층 더 심도 있게 분석해보는 것도 의미 있는 일일 것이다.

---

57   《변명》 23a~b.

2 무지의 선언

신탁은 소크라테스를 가장 지혜로운 사람이라고 선언하는데 정작 소크라테스는 자신의 무지를 인정한다는 데에 신탁의 역설이 있다. 이 무지의 선언은 사실상 대화편들에서 일관되게 반복되는 계기이며,[58] 플라톤의 소크라테스와 크세노폰의 소크라테스를 가장 극명하게 대립시키는 특징들 가운데 하나이기도 하다.(이 책 138쪽 참조)

이 무지의 선언은 수많은 문제를 불러일으켰고, 지금까지도 주석가들은 이 문제들을 해결하는 데 골몰해오고 있다. 과연 우리는 소크라테스가 《변명》(21b)에서 자기는 조금도 지혜롭지 않다고 주장한 것에 대해서 그 말을 그대로 믿어야 할까? 어찌됐든 소크라테스는 자기가 아테네에 살았고, 크산티페와 결혼했으며, 세 명의 자식을 두었다는 사실 정도는 알았을 것 아

---

58 《변명》 20c, e, 21b, d, 23a~b, 29b;《에우튀프론》 5a~c, 15c~16a;《카르미데스》 165b~c, 166c~d;《라케스》 186b~e, 200e;《소히피아스》 372b, e;《대히피아스》 286c~e, 304d~e;《뤼시스》 212a, 223b;《고르기아스》 509a;《메논》 71a~b, 80d, 98b;《향연》 175e, 177d, 216b;《국가》 I 337d~e, 354c;《파이드로스》 235c;《테아이테토스》 150c, 210c 참조. 또 우리는 스페토스 출신의 아이스키네스가 쓴 작품의 단편도 보존하고 있는데(단편 11C Dittmar=SSR VI A 53), 거기서도 마찬가지로 소크라테스는 자신이 무지하다고 주장한다.

닌가? 그렇다면 소크라테스가 말하는 무지는 모든 것에 다 해당되지는 않는 셈이다. 이로부터 우리에게는 그의 무지의 대상이 어디까지인지 구체적으로 규정해야 할 필요가 생긴다.

소크라테스가 스스로를 무지하다고 밝힌 수많은 문장을 검토하다 보면, 그가 자인하는 무지가 항상 가장 중요한 주제들, 즉 윤리학에 속하는 주제들과 관련되어 있음이 분명하게 드러난다. 가령 특정 덕을 규정하는 데 몰두하는 대화편들에서 소크라테스는 그 정의에 대해 자신이 무지하다는 것을 체계적으로 밝히고 있다.[59] 그렇다면 소크라테스가 말하는 무지의 대상이란 그가 대화 상대자들에게서 밝혀낸 무지의 대상과 동일한 것이 된다. 그들은 자기들이 가장 중요한 주제들에 관해 알고 있다고 착각했다.

소크라테스가 그런 주제들에 관해 무지하다는 것이 과연 사실일까? 아닌 게 아니라 그의 대화 상대자들 가운데 몇몇은 소크라테스가 다양한 덕의 본성에 관한 자신의 의견 개진을 피할 생각으로 무지하다는 핑계를 댈 때마다 그 고백의 진실성을 의심하기도 한다.[60] 그러면 소크라테스가 마치 눈속임처럼 무지의 선언을 사용하려는 이유는 도대체 무엇일까? 그의 목적이 지식을 갖고 있다고 착각하는 사람들의 무지를 드러내는 것이

---

59   이 책 66쪽 주58에 언급된 《에우튀프론》《카르미데스》《라케스》《뤼시스》《대히피아스》 관련 내용 참조.

60   《변명》 22e~23a; 《향연》 216d~e; 《국가》 I 337a 참조.

라면, 소크라테스는 어떤 식으로든 질문하고 문제를 제기하는 역할을 맡아야 했다. 그로써 안다고 주장하는 사람은 특정 입장에 관해 대답하는 역할을 맡아야 할 것이다. 소크라테스는 무지하다고 자처했으므로 자신이 특정 입장에 관해 대답할 게 없다는 것을—즉 아무것도 방어할 게 없다는 것을—보장받을 수 있게 된다. 아울러 언제나 질문자의 자리를 차지할 권리를 보장받는다. 왜냐하면 상대방이 지식을 가졌다고 주장하는 데 대해 그 정당성을 시험하거나 검사하기 위해 그가 굳이 지식을 가져야 할 필요는 없기 때문이다.

트라쉬마코스가 소크라테스에게 어떠한 입장 표명도 하지 않는다고 비난을 퍼붓자, 그는 누구든 자기가 무지하다고 생각한다면 대답할 수 없을 것이라는 구실로 자신을 정당화한다.[61] 그 유명한 소크라테스적 반어법ironie은 바로 이 전술을 가리키는 것이다. 그는 무지를 가장하는 전술을 통해 질문자의 자리를 확보하는 한편, 경솔하게 지식을 가지고 있다고 주장하는 대화 상대자를 자극하여 자신을 정당화할 수 있다고 믿는 입장에 관해 대답하게 만들기 때문이다. 요컨대 소크라테스의 반어법은 두 가지 속임수로 이루어진다. 그는 그저 무지를 가장할 뿐만 아니라, 대화 상대자가 가지고 있다고 주장하는 지식을 짐짓

---

61   《국가》 I 337e 참조. 아울러 아리스토텔레스는 《소피스트적 논박》(34, 183b7~8)에서 이렇게 말한다. "소크라테스는 질문을 던졌을 뿐 답을 제시하지는 않았다. 왜냐하면 그는 스스로 무지함을 자처했기 때문이다."

받아들이는 척까지 한다. 그래서 소크라테스는 가르치기를 거부하고(《변명》 19d, 33a-b 참조), 종종 자신의 대화 상대자 곁에서 한 수 배우길 원하는 정열적인 학생으로 스스로를 소개하곤 하는 것이다.[62]

피에르 아도P. Hadot가 훌륭하게 설명하듯이 "소크라테스적 반어법은 그의 대화 상대자에게서 무엇인가 배우기를 원하는 양 기만하는 것으로 이루어진다. 이것은 대화자로 하여금 자신이 지혜롭다고 자처하던 분야에서 사실은 아무것도 아는 것이 없음을 깨닫도록 하기 위한 것이다."[63] 예를 들어 《에우튀프론》(5a~c)에서 소크라테스는 자신이 경건의 본성에 관해 무지하다는 핑계를 대는데, 이는 자신을 불경죄로 고발한 것에 맞서 관청 앞에서 스스로 방어할 수 있도록 경건에 관해 당장 가르쳐달라고 신관인 에우튀프론을 충동질하기 위한 구실이었다. 마찬가지로 《대大히피아스》(286c)에서 소크라테스는 히피아스가 자신에게 아름다움의 본성에 관해 밝히도록 부추기기 위해, 아름다움이 뭔지 모른다고 핑계를 댄다. 소크라테스가 자신에게 지식을 위탁했다는 사실에 한껏 부풀어 오른 히피아스는 정작 그것을 알지도 못하면서 아름다움에 관한 여러 가지 정의를

---

62   《변명》 22b;《소小히피아스》 369d~e, 372a~c;《알키비아데스》 109d;
     《라케스》 181d;《고르기아스》 489d 및 이하에서 논의되는 세 대화편
     (《에우튀프론》 5a~c;《대大히피아스》 286c;《국가》 I, 337a, e) 참조.

63   *Qu'est-ce que la philosophie antique?*[고대철학이란 무엇인가], Paris,
     1995, p. 53.

제시하지만 하나하나 참혹하게 논박된다. 이로써 소크라테스는 히피아스의 무지를 드러내려는 목표에 도달하게 된다.

　　　이와 동일한 시나리오가 정의正義를 다루는《국가》I권에서도 나타난다. 거기서 트라쉬마코스는 소크라테스에게 맞서 그가 어설프게 무지를 자처하는가 하면 답변을 회피하기 위해(337a, e), 또 자신이 대화 상대자에게 배우려 한다는 것을 내세우기 위해(338a~b) 무지를 핑계로 삼는다고 비난을 퍼붓는다. 그럼에도 소크라테스는 여전히 자신은 정의가 무엇으로 되어 있는지 모른다고 버티면서(337d~e), 자기의 지식을 인정받고 싶어하는 과시욕으로 불타오르던 트라쉬마코스에게(338a, c) 정의의 본성을 밝혀줄 것을 간청한다. 소크라테스의 게임 내용을 간파했음에도 불구하고, 불같은 성질의 트라쉬마코스는 결국 자신도 경솔히 지식을 가지고 있다고 주장했던 여타 대화자들과 마찬가지의 운명에 처하고 말았음을 인정한다. 아우구스티누스는 이 지점을 놓치지 않았다. 그는 이 무지의 선언 안에 얼렁뚱땅 윤리적 문제의 전문가를 자처하던 사람들의 허위를 폭로하고자 하는 소크라테스의 계략이 숨어 있음을 간파했다.

　　확실한 것은 소크라테스가 이 바보짓, 다시 말해 그가 평생에 걸쳐 전념해온 도덕의 문제들에 대해 무능한 이들이 전문가랍시고 한껏 허세 부리는 바보짓을 단번에 타파했다는 것이다. 아울러 그가 이 탁월한 방식과 언어를 통해서, 즉 아무것도 모르는 척하

거나 자기의 지식을 감춤으로써 엄청난 행복을 얻었다는 사실이다.[64]

그러나 오늘날 적지 않은 해석가들은 소크라테스의 무지 선언을 그저 기만술이라고 보는 데 동의하지 않는다. 그들이 풀어야 할 과제는 가장 중요한 문제들의 영역에서 소크라테스가 지식을 갖고 있다고 공공연하게 주장하는 대목들 역시 적지 않은데, 이것들을 어떻게 설명해야 하는가에 놓여 있다. 어떻게 소크라테스는 한편으로 무지를 선언하면서 동시에 수많은 도덕적 앎을 펼쳐 보일 수 있는가? 퓌티아의 신탁이 오직 소크라테스만이 스스로의 무지를 자각했기에 사람들 중에서 가장 지혜롭다고 선언하는 대목만 봐도 그렇다. 소크라테스는 다음과 같은 것들을 알고 있었다.

첫째, 누군가를 타락시키는 사람은 바로 그가 타락시킨 자 때문에 해를 입는다는 것을 알고 있다.(25e) 둘째, 그는 불의를 저지르는 것과 자신보다 훌륭한 자에게 복종하지 않는 것이 해롭고 수치스러운 일이라는 사실도 알고 있다.(29b) 셋째, 그는 덕이 부에서 오는 것이 아니라 반대로 덕으로부터 부를 비롯한 모든 좋은 것이 생긴다고 주장한다.(30b) 넷째, 그는 가치 있는 사람이 무가치한 사람에 의해 해악을 입는 일은 있을 수 없다고

---

64   아우구스티누스, 《신국론》 VIII 3; 키케로, 《브루투스》 293; 《아카데미아학파 전서》 II, 5, 15~16; 《의무론》 I, 30, 108.

생각한다.(30d) 다섯째, 그는 자신이 그 누구에게도 불의를 저지르지 않았음을 확신하기에, 자신이 악으로 알고 있는 어떠한 것도 형량을 대신해 제안할 생각이 없다.(37b) 여섯째, 그는 "선량한 사람에게는 살아서나 죽어서나 그 어떤 나쁜 일도 없으며, 또한 이 사람의 일들을 신들이 소홀히 하지도 않는다"는 것을 하나의 진리로서 제시한다.[65] 뿐만 아니라 넷째와 여섯째 주장과 관련해 소크라테스는 자신이 그런 선량한 사람이며, 가치 없는 자에 의해 어떠한 해악도 입지 않을 것이고, 신들의 보살핌을 받을 수밖에 없다는 점을 분명하게 확신했다.

　　《변명》이 소크라테스가 펼친 도덕적 앎의 목록을 남김없이 제시한 것은 결코 아니다. 소크라테스는 다음의 것들을 확신한다. 혼이 몸보다 훨씬 더 귀중하고,[66] 불의를 저지르는 것은 훌륭하지도 아름답지도 않은 일이며(《크리톤》49a), 악과 불의를 저지르며 사는 사람은 결코 행복해질 수 없고(《고르기아스》470e, 472c~d, 473a, 479e, 507c, 512b), 불의를 저지르느니 차라리 당하는 게 나을 뿐만 아니라(《고르기아스》469b~c, 474b, 475e, 508e; 《국가》 I 353e~354a), 최선의 방어는 어떠한 불의도 행하지 않는 것이며(《고르기아스》522d), 정의가 불의보다 강력하다(《국가》 I 351a) 등.

　　소크라테스가 하는 무지의 선언이 진정한 것이라고 믿

65　　《변명》41c~d.

66　　《크리톤》48a; 《카르미데스》156d~157c; 《알키비아데스》129b~132c; 《프로타고라스》313a~b; 《고르기아스》512a 참조.

는 해석자들은 무지를 선언하는 수많은 대목과 그에 못지않게 많은 도덕의 영역에서 앎을 주장하는 대목을 화해시키기 위해 여러 다양한 설명을 제출했다. 그중 가장 주요한 설명은 "지식"과 "앎"을 뜻하는 동사들이 사용되는 맥락을 두 가지로 구분하는 데에 있다. 즉 소크라테스가 자신은 아는 게 없다고 주장할 때 사용하는 "안다"라는 동사는 그가 예를 들어 "불의를 저지르는 것, 즉 신이건 인간이건 자신보다 훌륭한 자에게 복종하지 않는 일은 악이며 수치라는 것"[67]을 안다고 할 때의 "안다"와 그 의미가 같지 않다는 것이다.

전자, 즉 그가 자신에게 부여됐다는 것을 인정하지 않는 지식은 일종의 확실하고 오류 불가능한 앎을 뜻한다. 반대로 후자, 즉 그를 통해서 제시되는 지식은 일종의 결정적이지 않은 앎에 불과한 것들이다. 그는 이것들이 아직까지는 논박되지 않았다는 조건하에서만 잠정적으로 이것들에 동의하는 것이다.[68] 달리 말하면 소크라테스가 제시하는 지식은 토론을 거친 다양한 명제들로 되어 있는데, 그 명제들은 아직까지는 대화자들에 의해 뒤집히지 않은 것들이다. 따라서 그는 그 명제들에 신뢰를 보내는 것이 틀렸다는 사실을 누군가가 입증해주기 전까지는

---

67   《변명》 29b.

68   G. Vlastos, "Socrates' Disavowal of Knowledge", *The Philosophical Quarterly*, 1985 (35), pp. 1~31 참조.

그것들을 지지할 수 있다고 믿는 것이다.[69] 그렇다면 소크라테스는 모순을 범하고 있지 않다고 말할 수 있다. 왜냐하면 그가 아는 게 없다고 말할 때의 동사 "알다"와 그가 윤리 문제에 속하는 몇 가지 것을 안다고 말할 때의 동사 "알다"는 같은 의미로 쓰이고 있지 않기 때문이다.

그러나 이 해명을 포함해 지식과 앎의 서로 다른 등급을 구분함으로써 모순을 해결하려는 시도들은[70] 곧바로 다음과 같은 몇 가지 반대의 빌미를 제공한다. 첫째, 우리가 잠시 뒤에 보겠지만, 우선 소크라테스가 제시하는 앎이 늘 "엘렝코스(*elenchos*, 논박술)"를 통해 살아남은 명제들로만 되어 있는 것은 아니다. 둘째, 소크라테스는 서로 다른 등급의 앎을 놓고 이런 종류의 구분을 했던 적이 한 번도 없다. 셋째, 그는 때때로 자신이 단언하는 것 이외의 방식으로 단언하는 것은 불가능하다고 주장하거나(《고르기아스》 472d), 심지어는 자신의 입장이 진리에 상응하는 한 결코 논박될 수 없다고까지 주장하기도 한다.(《고르기아스》 473b, 508b;《국가》 I 335e 참조) 이를 통해 분명하게 이해할 수 있는 것은 소크라테스가 잠정적인 앎이 아니라 결정적이고도 확고한 앎을 가지고 있다고 확신한다는 사실이다.

한편 소크라테스가 도덕 영역에 관한 앎의 원천으로 신들을 언급하고 있다는 점 또한 무시해서는 안 될 것이다. 예

---

69   특히 《고르기아스》 509a 및 527b 참조

70   Brickhouse et Smith, 2000, pp. 101, 105, 114 참조.

를 들어 그는 사랑과 관련된 일에 관해 앎을 갖게 된 것은 신들 덕분이라고 말한다.[71] 또 그에게 혼과 관련된 중요한 앎을 전수해준 이들이 잘목시스라는 신을 추종하는 의사들이었다고 한다.(《카르미데스》 156c~157c) 이밖에도 그는 덕이 유용하다는 확신을 어떤 영적인 것에 돌리기도 하며(《카르미데스》 169c), 그의 영적인 신호[72]가 자신이 재판에 참여하는 과정에서 한 번도 간섭하지 않았다는 점을 들어 자신에 대한 사형선고가 나쁜 것이 아닐 것이라고 결론짓기도 한다.(《변명》 40a~c)

그런 식으로 플라톤은 자신이 재현해내는 소크라테스의 모습을 일관되게 유지한다. 소크라테스는 아무것도 알지 못한다. 만일 그가 무엇인가를 안다고 해도, 그 앎은 그 자신에 의한 것이 아니다. 그렇지 않다면 그는 무엇인가를 아는 셈인데, 그는 아무것도 모르지 않는가! 그 앎은 다른 사람들에게서 배운 것도 아니다. 그렇지 않다면 다른 사람들이 소크라테스보다 더 지혜로울 텐데, 그가 가장 지혜롭다지 않는가! 그렇다면 소크라테스가 지닌 앎은 바로 신들, 즉 실로 유일한 지혜의 담지자라 할 수 있는 신들에게서 기인하는 것이다.

소크라테스가 제시한 앎의 원천을 신들에게 돌림으로써 우리는 그가 무지하다는 주장과 그럼에도 그가 몇 가지 앎을

---

71   《뤼시스》 204c;《향연》 177d, 198d;《파이드로스》 257a;《테아이테토스》 128d 참조.

72   소크라테스의 영적인 신호와 관련해서는 이 책 105~106쪽 참조.

갖고 있다는 사실을 화해시킬 수 있게 된다. 그런데 소크라테스가 자신이 지녔다고 주장하는 앎의 원천을 항상 신들에게 돌리는 것은 아니다. 그는 대부분의 경우 자신이 제시하는 앎에 어떠한 신적인 기원도 부여하지 않는다. 사실 소크라테스의 몇몇 대화자들도 이미 의심했다시피, 우리는 그가 무지를 고백하는 것이 일종의 속임수라고 여길 만한 좋은 이유들을 몇 가지 알고 있다.

첫째, 만일 무지의 선언이 완전히 진실된 것이라면 이런저런 덕의 정의定義를 구하지만 외견상 모두 실패로 끝나고 마는 대화편들의 경우, 진짜로 난문에 빠져버리는, 즉 "더 이상 길이 없고*a-poria*" 결국 아무런 긍정적인 결론도 없는 작품들이 되고 말 것이다. 어떤 의미에서 이 대화들이 결국에 가서 실패를 확인한다는 사실은 그리 놀랄 만한 일이 아니다. 왜냐하면 토론의 실패는 어떤 점에서 볼 때 이미 예견되고 또 계획되었기 때문이다. 소크라테스가 주요한 덕들의 본성과 관련된 모든 것에 대해 무지하다는 것이 사실이라면, 또 그럼에도 그가 사람들 가운데 가장 지혜로운 것도 사실이라면, 그 어떠한 대화 참여자도 정확한 정의를 구할 수 없을 뿐만 아니라, 설령 그가 형식적으로는 정확한 답을 제시한다 하더라도 결코 충분하게 그 답을 정당화하지는 못할 것이기 때문이다. 만일 소크라테스가 아무것도 모른다면―엄밀히 말해 그가 자신의 무지를 안다는 것은 논외로 하고―그는 원칙적으로 확실하건 아니건 단 하나의 명제도 제시할 수 없어야 한다. 아울러 소크라테스가 그럼에도 사람들 중에서 가장 지혜롭다면, 그의 대화자들은 어떠한 확실한 앎도 가질 수 없어야 한다. 그렇지 않다면 그들이 소크라테스보다 더 지혜로워야 하는데, 이는 퓌티아가 내려준 신탁의 내용과는 반대되기 때문이다. 하지만 그 대화편들은 정말 난문에 빠져버리는 게 확실한가? 물론 조금도 확실하지 않다.[73] 이 대화편들이 신중한 독자에게 덕의 정의를 탐구하는 데 필수적인 요소들을 제공하고 있음을 감안한다면, 그로부터 우리는 소크라테스가 덕의 본성에 관하여 그가 인정하려 들지 않는 것 이상으로 많은 것을 알고 있으리라는 결론을 도출할 수 있다.

둘째, 다루는 주제가 정의든(《변명》,《크리톤》), 경건이든(《에우튀프론》), 용기든(《라케스》), 절제든(《카르미데스》) 혹은 친애든(《뤼시스》) 플라톤이 소크라테스를 덕의 모델로서 제시했다는 점에 대해서는 조금도 의심의 여지가 없다. 덕이 일종의 앎인데도 불구하고(이 책 110쪽 참조) 소크라테스가 다양한 덕의 본성에 대해 스스로 무지함을 자처한다면, 그는 원칙적으로 덕을 갖춘 사람이 될 수 없다는 결론이 도출된다. 하지만 이 결론은 플라톤이 대화편 전체에 걸쳐 그려놓은 스승의 초상을 놓고 보면 거짓으로 드러날 수밖에 없다. 거기서 소크라테스는 시종일관 덕의 모델로서 제시되기 때문이다. 덕은 앎으로 이루어져 있

---

73   L.-A. Dorion, *platon: Lachès/Euthyphron*, Paris, GF, 1997, pp. 13~14, 62~63, 227~230; *platon: Charmide/Lysis*, Paris, GF, 2004, pp. 12~15 참조.

기에 소크라테스가 무지를 가장하고 있다는 결론을 피해 갈 수는 없을 듯 보인다.

셋째, 소크라테스가 어떤 대화자에게는 특정한 지식을 숨기는 반면, 어떤 대화자에게는 기꺼이 그것을 전해주려고 한 경우가 적어도 하나는 있다. 대화편 《뤼시스》에서 소크라테스는 뤼시스의 친구임을 자처하는 메넥세노스에게 우정에 관해 아무것도 모르는 듯한 모습을 보인다. 메넥세노스의 환심을 사고 또 자신의 질문에 답하도록 그를 충동질하기 위해서 소크라테스는 메넥세노스가 우정에 관한 지식을 갖고 있다고 간주하는 한편, 자신에게 친구가 없는 걸 보아하니 이 주제에 관해 자신은 무지한 셈이라고 둘러댐으로써 그를 추켜세운다.(211d~212a) 하지만 소크라테스에게 친구가 없다는 것은 물론 거짓이다. 뿐만 아니라 그는 우정의 본성이 무엇인지 완벽하게 알고 있었다. 왜냐하면 그는 바로 전, 메넥세노스가 자리를 비운 사이에(207d, 211a), 뤼시스와의 대화를 통해 그에게 사람들 간의 친애가 어떤 바탕 위에 설 수 있는지에 관해 설명했기 때문이다.(207d~210e)

넷째, 소크라테스는 동일한 주제들에 관해서는 자신이 늘 일관된 언어를 유지한다고 자부할 뿐만 아니라(《고르기아스》 490e), 또 바로 그 일관성의 측면에서 자기가 철학 자체와 닮았다고 자부하기도 한다.(《고르기아스》 482a) 그런데 무지의 본성이 동일한 주제에 관해 같은 것을 말하지 않고,[74] 이리저리 "방황하는" 의견들을 갖는다는 데 있다고 한다면(《소피스트》 230b), 소크라테스가 스스로 무지하다고 자처한 이상, 우리는 그가 같은 주제에 관해 끊임없이 의견을 바꾸는 모습을 기대해야 할 것이다. 따라서 그가 자신의 입장을 견지하는 와중에 드러내는 일관성이야말로 지식의 한 징표라 할 수 있다.

소크라테스가 무지를 선언하는 모든 대목을 글자 그대로 받아들일 경우, 우리는 오류를 피할 수 없을 것이다. 한편 그가 왜 그런 이중성을 드러내는가 하는 물음에 대해, 우리는 세 가지 정도의 이유를 제시할 수 있다.

첫째, 무지의 선언이 교육적 목표를 위한 일종의 책략으로 기능함으로써 소크라테스는 자신의 무지라는 그물을 통해 대화 상대자를 포획할 수 있게 된다. 그가 추구하는 목적은 대화 상대자를 속이는 것이 아니라 대화자가 자신의 무지를 드러내 보이고 또 그것을 인정하도록 하는 데 있다. 하지만 그 목적에 이르기 위해 어느 정도까지는 자신이 아무런 지식도 갖고 있지 않다고 주장할 필요가 있다.

둘째, 철학이 본질적으로는 하나의 탐구—즉 지식의 탐구—이며 또한 탐구 속에서 끈기 있게 버티는 것 자체만으로도 사람들을 훌륭하게 만드는 데 기여한다는 사실을 감안한다

---

74   《알키비아데스》 117a; 《고르기아스》 482a, 527e; 《소히피아스》 372d~e, 376c 참조.

면(《메논》 86b~c), 무지의 선언은 대화자들(또 독자들)로 하여금 그들 자신을 돌아보게 만들고, 아울러 철학을 구성하는 지식에 대한 이러한 탐구의 필요성을 그들 스스로 갖게끔 만드는 하나의 술책이라 할 수 있다. 만약 소크라테스가 단적으로 지식을 담지한 스승의 자리를 차지하고 있었다면, 그럼으로써 그의 제자들에게 교조적인 태도를 취했다면, 그는 그들 하나하나가 지식의 탐구에 참여함으로써 누리게 될 커다란 이익을 앗아가는 셈일 것이다.

마지막으로, 저자인 플라톤은 실패로 끝나는 듯 보이는 대화편들을 쓰기 위해서 무지의 선언 뒤로 자신을 은폐시킨다. 글이 갖는 주요 단점들 중 하나를 꼽는다면, 저자에게는 자신의 가르침을 따르는 데 필요한 실력을 지닌 학생을 선택할 특권이 없다는 것이다.[75] 이 점을 감안한다면 정의를 구하는 대화편들을 (물론 거짓으로지만) 실패로 맺어버리는 방식은 플라톤이 사용하는 일종의 계략인 것처럼 보인다. 즉 이를 통해서 플라톤은 참을성 없고 피상적인 독자들을 낙담하게 만드는 한편, 실망하지 않고 이리저리 흩어진 이론적 요소들을 퍼즐 맞추듯 하나의 일관된 이론으로 재구성해내려는 끈기 있는 독자들에게 다가가고자 한 것이다.

정반대의 오류를 범해, 신들을 특징짓는 전지全知함을

---

[75]   《파이드로스》 275e 및 《제7서한》 344d 참조.

소크라테스에게 부여해서는 안 될 일이다. 물론 소크라테스는 다양한 덕의 본성에 관해 자신이 인정하려 들지 않는 것 이상으로 많은 것을 알고 있다. 그러나 그는 좋음의 본성―그것에 대한 앎이야말로 각각의 덕을 아는 데 기반이 된다―에 관해서는 말을 최대한 아끼기 위해 지극히 모호한 태도를 유지한다.(이 책 123~125쪽 참조) 형식적인 측면에서 보자면, 소크라테스는 좋은 것과 나쁜 것에 대한 앎이 수행해야 하는 건축술적인 기능에 관해서는 매우 분명하게 인식하고 있었다.(이 책 117~118쪽 참조) 그러나 좋음의 본성 자체에 관해서 볼 때, 그는 이것을 규정할 능력이 없는 것처럼 보인다. 이 좋음의 본성이란 주제와 관련해서 그의 무지가 가장 분명하게 드러나기 때문이다. 이 무지는 플라톤의 지식이 비범한 방식으로 전개되는 《국가》에서 다시 한 번 나타난다.(VI 506d~e) 거기서 소크라테스는 좋음의 본성을 알고자 하는 대화자들의 질문에 대해, 그 주제야말로 자신의 능력을 넘어선 것이라는 핑계를 대며 회피해버린다.

3 논박술, 자기에 대한 앎 그리고 혼의 보살핌

      신탁 이야기는 소크라테스가 지혜롭다는 명성을 누린 사람들에게 던졌을 질문에 관해 여러 가지 암시를 준다. 그 탐구들은 "논박술*elenchos*"이라 불리는 매우 구체적인 형식으로 나타난다. 논박술이란 질문자와 답변자가 문답법적 대화의 틀 안에서 전개하는 일종의 논증과정이다. 이 논박술의 목적은 답변자가 동일한 주제에 관해 모순된 주장을 견지하고 있음을 질문들을 통해 드러냄으로써 답변자를 논파하는 데 있다. 이 목적에 도달하기 위해 질문자(소크라테스)는 답변자에게 질문의 형태로 다양한 명제를 제기한다. 답변자가 제기된 명제들을 받아들일 경우, 그것들은 모두 추론의 전제가 된다. 소크라테스는 오직 답변자가 동의한 명제들을 가지고서만 논박을 수행할 수 있다. 이 명제들로부터 최초에 주장했던 명제와 모순된 결론이 도출되면 답변자는 논박되는 것이다. 답변자가 논박이 진행되는 각 단계마다 동의를 해온 이상, 그는 자신의 패배를 인정하지 않을 수 없다. 따라서 소크라테스적 논박술의 논리구조는 다음과 같은 형식으로 나타난다.[76]

---

76   G. Vlastos, "The Socratic Elenchus[소크라테스의 엘렝코스]", *Oxford Studies* in *Ancient Philosophy*, 1983(1), pp. 27~58(여기서 인용한 내용은 p. 39) 참조.

○ 답변자는 p라는 논제를 지지하는데, 바로 이 p가 논박의 표적이 된다.

○ 소크라테스는 q와 r을 전제로 제시하고, 답변자는 이것들을 특별한 논의 없이 수용한다.

○ 소크라테스는 q와 r이 non-p[not-p]를 도출함을 보여주고, 답변자 역시 그것을 인정한다.

○ 결국 소크라테스는 p가 거짓으로, non-p가 참으로 증명되었다고 결론짓는다.

지난 20여 년간 사람들은 소크라테스식 논박술의 논리적 측면들에 대해, 특히 위에 언급된 도식이 갖고 있는 난점들을 둘러싸고 치열한 토론을 벌여왔다. 논리적 측면에서 보자면, 소크라테스가 증명한 것이라곤 p와 q, r이 양립 불가능하다는 사실뿐이다. 왜냐하면 q와 r에서 non-p가 도출되었기 때문이다. 반면 논증의 결론과는 반대로 소크라테스는 어떠한 식으로도 p가 거짓이고 non-p가 참이라는 것을 입증하지 않았다. 소크라테스식 논박술과 연관된 논리적 문제는 따라서 다음과 같이 정리될 수 있을 것이다.

논리적 관점에서 볼 때, 소크라테스가 입증한 것이라곤 한 명제가 대화자에 의해 동의된―그나마도 아무런 설명조차 제공되지 않은 상태에서 동의된―전제들과 양립할 수 없다는 사실뿐이다.

그런데 어떻게 그는 그 논제가 거짓임을 입증했다고 주장할 수 있을까?[77]

달리 말하면 논박술은 주어진 주제에 관해 대화자가 받아들인 의견들이 서로 양립하지 못한다는 사실을 드러낸 것일 뿐, 그 의견들 자체가 참인지 거짓인지에 대해서는 아무런 증명도 하지 않았다는 것이다. 하지만 지식의 특징이 동일한 주제에 관해 늘 일관된 것을 말하는 데 있다고 한다면, 동일한 주제에 관해 모순된 주장들을 고수하는 사람은 반드시 자신의 무지를 드러내고 마는 셈이다.

주석가들은 논박술(이하 "엘렝코스")의 여러 가지 논리적 요소에 대해서는 커다란 관심을 기울였던 반면, 정작 "엘렝코스"의 본질적인 차원이라고 할 수 있는 부분, 즉 그것의 도덕적인 목적에 대해서는 별다른 주의를 기울이지 않았다.《소피스트》의 유명한 대목에서도 잘 나타나듯이(230b~e), "엘렝코스"의 논리적 차원은 그것의 도덕적인 목적에 종속된다.[78] 소크라테스는 논박술을 그 자체의 목적을 위해, 즉 하나의 논제를 논파할 목적으로 실행했던 게 아니라, 자신의 대화 상대자를 더 훌륭

---

77   앞의 논문, p. 49.

78   L.-A. Dorion, "Aristotle's definition of elenchus in the light of Plato's Sophist", in J. L. Fink (éd.), *The Development of Dialectic from Plato to Aristotle*, Cambridge, 2012, pp. 251~269(특히 pp. 251~255).

하게 만들겠다는 희망을 가지고 펼쳤다. 덕은 앎으로 형성되기에 혼이 자기도 모르게 거짓된 지식을 담고 있어서 참된 앎이 그 혼에 미치지 못한다면, 인간은 "엘렝코스"를 통해—덕과 행복의 길로 확실하게 인도해줄 참된 앎의 길에 혼이 들어서는 것을 끊임없이 방해하는—거짓된 지식으로 오염된 자기의 혼을 정화시키기 전까지는 결코 덕을 갖지 못할 것이며, 그로 인해 행복해질 수도 없을 것이다.

　　요컨대 소크라테스는 "엘렝코스"를 그 자체를 위해 실행한 것이 아니다. 왜냐하면 논박술의 한 부분을 구성하는 논리적 조작은 명백하게 도덕적인 목적 여하에 달려 있기 때문이다. 예를 들어 한 개인이 논박을 당할 때, 그는 자신의 무지에 수치심을 느낄 수밖에 없다. 하지만 그것은 유익한 수치심이며, 더 나아가 그를 구원해주는 것이기도 하다. 그 수치심이야말로 그를 앎으로, 또 결과적으로는 덕과 행복으로 인도하는 내면의 대화의 첫 단계이기 때문이다. 정화를 수행하는 요인으로서 "엘렝코스"는 일종의 교육적인 장치이며, 특히 도덕 교육에서는 특권적인 중요성을 갖는 도구인 셈이다. 분명 "엘렝코스"는 덕을 전해주지는 않지만, 적어도 그것은 덕에 필수 불가결한 것이다. 덕의 획득이란 "엘렝코스"를 통해 거짓된 앎을 사전에 깨뜨리는 것을 전제로 하기 때문이다.

　　만일 답변자가 자기 자신의 의견을 내놓지 않는다면, 소크라테스는 토론 주제와 관련하여 답변자가 참된 앎을 갖고 있는지 시험해볼 수 없을 것이다. 그 때문에 우리는 수많은 대목에서 소크라테스가 대화자들에게 생각하는 바를 솔직히 말할 것을 여러 차례 강조하는 모습을 볼 수 있다.[79] 답변자가 자신이 말하는 것에 솔직한 태도로 임하지 않는다면, "엘렝코스"는 자신의 표적을 상실할 수밖에 없다. 왜냐하면 대화자가 변증법적인 탐구에서 자기의 진정한 의견을 슬쩍 빼돌린 이상, 논박은 대화자에게 아무런 영향력도 행사하지 못하고, 그저 "임자 없는" 의견들만을 다루게 될 것이기 때문이다. 바로 이런 의미에서 소크라테스의 "엘렝코스"가 "실존적 차원"에 머문다는 사실은 의심할 여지가 없다.[80] 소크라테스의 탐구는 명제들을 다루기보다는 삶의 영역을 다루는 데 더 큰 비중을 둔다. 아니, 오히려 소크라테스의 탐구는 명제들을 매개로 삶의 문제를 다룬다고 볼 수 있겠다. 하지만 이 매개의 조건은 대화자가 자신의 주장에 얼마나 밀착해 있는가에 달려 있다.

　　소크라테스의 "엘렝코스"가 무엇보다도 한 개인이 영위해나가는 삶에 관심을 갖는다는 사실, 아울러 그의 말과 행동이 일치하는지 여부에 관심을 갖는다는 사실에 관해서는 대화편《라케스》의 한 대목에서 소크라테스의 논박 상대였던 니키

79　《크리톤》49c~e;《프로타고라스》331c~d;《카르미데스》166d;《고르기아스》495a, 500b;《메논》83d;《에우튀데모스》286d;《국가》I 346a, 349a, 350e 참조.

80　이 표현은 블라스토스에게서 빌려온 것이다. 주76의 논문, p. 37.

아스가 아주 탁월한 방식으로 정확하게 설명한다.(187e~188b)
"엘렝코스"가 가장 중요한 주제들(예컨대 좋은 것과 나쁜 것, 올바
른 것과 부당한 것)과 관련된 의견들을 다룬다는 점을 감안할 때,
우리는 답변자가 소크라테스에게 논박되는 순간 평정심을 잃고
깊은 혼동 상태에 빠지게 됨을 쉽게 예상할 수 있다. 이 상태를
메논은 매우 인상적인 방식으로 표현하고 있다.

> 오, 소크라테스! 나로 말하자면 당신을 만나기 전부터, 당신이 자
> 기 자신을 "어려움에 빠뜨림aporeis"은 물론 다른 사람들까지도
> "어려움에 빠뜨리게 한다aporein"는 얘기를 익히 들어왔답니다.
> 아닌 게 아니라 지금도 내가 보기에 당신은 나에게 주술을 걸고,
> 나를 중독시킨 것도 모자라 최면까지 걸어대니, 결국은 내가 "어
> 려움aporias"의 한복판에 빠져버린 듯합니다! 아울러 좀 기분 나
> 쁘게 말하자면, 내 생각에는 당신이 그 외양은 물론 다른 것들에
> 있어서도 마치 저 넙데데한 진기가오리하고 똑 닮은 것 같네요.
> 그놈은 항상 가까이 다가오고, 또 접촉하는 것을 마비시켜버리거
> 든요. 내가 보기에는 당신도 나를 그런 상태로 만들어버린 것 같
> 으니 말입니다. 왜냐하면 실제로 나는 혼과 입이 굳어버렸고, 당
> 신에게 무슨 대답을 해야 할지도 모르겠거든요. 나는 적어도 덕
> 에 관한 한, 수도 없이 많은 논의를 여러 사람에게, 그것도 아주
> 잘 이야기했다고 자부해왔습니다. 그런데 지금은 그것이 무엇인
> 지 조금도 이야기를 할 수가 없군요. 더욱이 내가 생각하기에 당

신은 분명히 내가 이곳을 빠져나가지도, 떠나지도 못하기를 바라는 듯하네요. 사실 당신이 다른 도시에서 외국인 신분으로 그런 일들을 했다면, 틀림없이 주술사로 간주되어 끌려갔을 겁니다![81]

"주술*epoidê*"은 비유적으로 "엘렝코스"를 지칭하는데 (《카르미데스》157a 참조), 이는 언뜻 보기에도 무척 놀라운 비유이다. 왜냐하면 "엘렝코스"는 합리적인 논변의 양식인 반면, 주술이란 일종의 마법적인 주문이기 때문이다. 하지만 "엘렝코스"와 주술이 서로 닮았다면, 그것들의 형식적인 관계에서 비롯되는 것이 아니라 그것들의 효과에 있어서 그렇다는 것이다. 즉 그것들은 각각 대화자들을 마비시키는 효과를 산출하며, 대화자들이 토론을 이끄는 자에 의해 ─ 그가 소크라테스든 혹은 주술을 행하는 마법사든 간에 ─ 좌지우지될 수밖에 없도록 만들기 때문이다.

《변명》에서 소크라테스는 논박술의 실천이 바로 그 점에서 본질적이며 철학과도 동일시될 수 있다고 본다. 소크라테

---

81   《메논》80a~b. 플라톤은 소크라테스에 의해 논박당한 대화자들이 "어려움*aporia*"에 빠져들고 대답할 수 없게 되는 상황을 여러 곳에서 강조하고 있다. 예컨대 《알키비아데스》116e;《이온》532b~c;《에우튀프론》11b;《라케스》194a~b, 200e;《카르미데스》169c;《고르기아스》522b;《뤼시스》213c~d;《메논》80c;《국가》I 334b;《필레보스》20a를 보라. 그리고 《테아이테토스》149a: "사람들은 내가 가장 해괴한 *atopótatos* 자일뿐더러, 사람들을 '어려움에 빠뜨린다*aporein*"고들 말하지.' 참조.

스는 철학하며 산다는 것이란 곧 자기 자신과 타인을 시험에 들게 하는 것 외에 다른 것이 아니라고 설명한다.(28e, 29c~d) 철학이 늘 자기 자신과 타인에 대한 탐구로부터 출발하기에, 또한 오직 이 탐구만이 우리를 모든 악의 원천인 무지로부터 벗어날 수 있도록 해주는 것이기에, 소크라테스의 유명한 경구인 "탐구에 들지 않는 삶은 살아갈 가치가 없다"(38a)라는 언명은 조금도 놀랄 만한 것이 아니다. 소크라테스는 바로 자신의 예를 통해 이 주장이 진리임을 확인한다. 소크라테스는 철학을 포기할 바에야 차라리 죽을 각오가 되어 있으며(30b~c), 미리 자신의 재판관들에게 만일 자신에게 철학활동을 그치라고 명령한다면 자신은 그들에게 불복할 것임을 예고했다.(29c~d)

　　"엘렝코스"의 실천을 철학 자체와 하나로 묶어 취급할 만큼 소크라테스는 "엘렝코스"에 중요성을 부여했는데, 이는 "엘렝코스"가 자기 자신을 아는 데 필수 불가결한 데서 비롯된다. 소크라테스는 "너 자신을 알라"라는 델피의 아폴론 신전에 새겨진 유명한 경구에 대해 두 가지 보충적인 해석이 필요하다고 보았다. 《변명》에는 이것들 각각이 함축적으로만 나타날 뿐이다.

　　첫 번째 해석의 전개는 《카르미데스》(167a)에서 볼 수 있는데, "엘렝코스"와 자기 인식 사이에 거의 인과적인 관계가 맺어진다. 혼은 "엘렝코스"를 겪기 전에는 자기가 실제로는 갖고 있지 않은 앎을 담지하고 있다고 상상한다. 혼이 자기 자신을 깨닫기 위해서는, 즉 자신이 아는 것과 알지 못하는 것을 가늠하는 명확한 잣대를 마련하기 위해서는 타자와의 관계가 필수적이다. 혼은 자기 혼자 머물러 있는 한 자신이 지닌 앎의 허상과 대화를 나누는 데에 안주할 것이며, 혼 안의 그 어떠한 것도 혼을 각성시키거나 눈을 뜨게 하지 못할 것이기 때문이다. 혼이 타자의 중재를 상정하는 한, 이는 소크라테스식 논박술이 개입하는 것을 뜻한다. 또한 내적 성찰의 형식만으로는 자신에 대한 앎을 획득할 수 없음을 의미한다. 소크라테스식 논박술은 혼이 동일한 주제에 관해 모순된 입장을 취하고 있음을 밝힘으로써 사실은 참된 앎에 관해 착각하고 있었음을 입증해 보이며, 이를 통해 자신에 대한 앎, 더 나아가 지혜를 고무하는 것이다. 이렇듯 "엘렝코스"의 보살핌을 통해 지적 교만에서 정화되고 치유된 혼은 곧바로 한결 더 신중해지고 현명해진다. 왜냐하면 혼은 이제 실제로는 어떠한 앎도 없으면서 뭔가를 알고 있다고 생각하는, 그런 교만한 상상을 더 이상 하지 않기 때문이다.

두 번째 해석은 《알키비아데스》에서 찾을 수 있다. 소크라테스는 정치 무대에 뛰어들고자 의지를 불태우는 젊은 알키비아데스를 다음과 같이 설득한다. "너는 아직 자기 자신에 대해 알지 못한다. 하지만 이 앎이야말로 책임 있는 정치인에게는 필수적인 것이다." 알키비아데스가 자신에 대해 자각하지 못하는 것은 그가 이를테면 올바름 같은 몇몇 근본적인 주제에 관해 자신이 얼마나 무지한가를 깨닫지 못하기 때문만이 아니다. 엄밀히 말해 인간의 본성을 이루는 "자아"가 신체에 대응하

지도 않고 신체와 혼의 결합에 대응하지도 않으며 오직 혼에만
(129b~130c), 그것도 혼의 신적인 부분인 사유에만 대응한다는
점(133b~c)을 깨닫지 못하기 때문이기도 하다. 이 "자아" 개념은
부富를 혼의 부(덕), 신체적인 부(건강, 미모, 힘) 그리고 외적인
부(재산, 명예)로 나누는 이른바 부의 삼분설三分說과도 밀접하게
연결된다.[82] 이 삼분설은 소크라테스의 윤리적 사유과정에서 결
정적인 역할을 수행한다. 오직 혼의 부만이 다른 두 유형의 부와
대조적으로 진정 부라 일컬을 수 있는 것이다. 신체적인 부와 외
적인 부는 선용될 수도 있고 악용될 수도 있다.[83] 그것들의 선용
이란 결국 지식에 달려 있기에 더 우월하고 무조건적인 부, 즉
혼의 부에 해당하는 지식의 권위 아래 놓일 때에만 진정 부로서
간주될 수 있을 것이다. 부의 삼분설은 소크라테스가 동포 시민
들을 상대로 일상적으로 권유했던 내용을 상기시키는《변명》의
대목에서도 비슷하게 나타난다.

> 제가 돌아다니면서 하는 일이라고는 여러분께서 젊은이이든 나
> 이 든 분이든 간에 자신들의 혼이 최선의 상태가 되도록 마음 쓰
> 기에 앞서, 열성적으로 몸에 대해서든 재물에 대해서든 마음 쓰
> 는 일이 없도록 설득하는 일 이외의 아무것도 아닙니다. 재물로

---

82   [옮긴이] 이와 관련해서는 아리스토텔레스,《니코마코스 윤리학》I 8,
        1098b 12~18 참조.

83   《에우튀데모스》279b, 281a;《메논》87e~88a 참조.

해서 사람으로서의 덕이 생기는 것이 아니라, 사람으로서의 덕으로 해서 재물도 그리고 그밖의 다른 모든 것도 사적으로나 공적으로나 사람들을 위해 좋은 것들로 되는 것입니다.[84]

아테네인들이 그들의 혼이 아니라 그들의 신체와 외적인 부에 더 몰두한다는 사실만으로도 그들은 스스로를 알지 못할 뿐만 아니라, 훌륭하게 되어야 한다는 데 대해 아무런 관심도 기울이지 않음을 입증해 보이는 셈이다. 왜냐하면 오직 혼 안에 덕이 출현할 때에만 우리는 훌륭해질 수 있기 때문이다.(《라케스》190b)

"엘렝코스"의 효과는 바로 그 점에서 논박당한 사람에게 유익하기 그지없는 것이며, 소크라테스 역시 조금도 주저하지 않고 논박을 선행으로 간주한다.[85] 그러나 그의 대화자들은 "엘렝코스"의 이런 취지를 이해하려 하지 않았다. 그들은 "엘렝코스"를 선행으로 간주하거나 자신들을 논박한 사람에게 고마움을 표하기는커녕, 반대로 소크라테스에게 커다란 분노를 드러냈다. 만일 우리가 소크라테스라는 인물을 표적으로 삼았던 적개심의 틀로 보면, 논박가는 가장 인기 없는 직업이었을 뿐만 아니라―논박당하고 즐거워하는 사람은 거의 없었기에―심지

---

84   《변명》30a~b(혼, 몸, 재물 강조); 36c 참조.

85   《변명》36c~d;《고르기아스》458a~b, 461a, 470c, 506b~c;《에우튀데모스》295a;《메논》84a~c 참조.

어 커다란 위험을 감수하기까지 하는 일이었을 것으로 보인다. 소크라테스에게 논박당한 사람들이나 그를 모방한 젊은이들에게 당한 사람들은 반드시 복수할 것을 다짐했다.[86] 《변명》에서 소크라테스는 자신의 탐구로 인해 수많은 적이 생겨났다고 여러 차례에 걸쳐(21c~d, 21e, 22e~23a, 23c, 28a) 강조한다. 이는 의심할 바 없이 그의 철학적 관심에 의해 논박되었던 사람들 가운데서 생겨났다. 이들은 대개 선행을 베푼 사람에게 감사를 표하는 것과 달리, 소크라테스에게는 아무런 고마움도 표하지 않았다. 실제로 소크라테스를 고발했던 주된 원인들 중 하나가 아테네인들의 분노였다는 사실에 대해서는 조금도 의심할 여지가 없다. 그는 변증술적 토론과정에서 그들을 꼼짝 못하게 만들어버렸으며, 그들이 대중 앞에서 받은 모멸감은 그를 결코 용서할 수 없게 만들었던 것이다.(28a~b, 39c~d)

　　판관들이 투표를 통해 소크라테스를 사형시키기로 결정하자, 소크라테스는 왜 죽음이 두려워할 일이 아닌지를 설명한 뒤 하데스에 가게 되면 과거의 영웅들을 만날지도 모른다는 희망마저 제기한다.

그리고 무엇보다도 굉장한 것은 제가 이곳 사람들한테 했듯이, 그곳 사람들 가운데서 누가 지혜롭고 또 누가 스스로는 지혜롭다고 생각하지만 사실은 그렇지 않은지 캐묻고 시험하면서 지낸다

86　　《고르기아스》506b~c; 《국가》 I 337a, 341a; 《테아이테토스》 151c~d, 161a, 168a 참조.

는 것입니다. 재판관 여러분, 여러분 가운데 누구든 트로이에 대
군을 이끌고 갔던 오디세우스나 시시포스 또는 그밖에도 이름을
댈 수 있는 수없이 많은 남녀들을 시험할라치면, 과연 얼마나 지
불해야 가능하겠습니까? 이들과 거기서 대화를 나누고 함께 지
내면서 캐묻는다는 것은 그야말로 굉장한 행복일 것입니다. 그곳
사람들은 **적어도 그 때문에 사람을 죽이지는 않으리라는 것은 단
연코 확실합니다.**[87]

비록 반어적 의미로 가득 차 있기는 하지만 이 대목은
적어도 다음의 두 가지를 보여준다는 점에서 시사적이다. 한편
으로 소크라테스가 심지어 죽은 뒤에도 논박술의 실천에 전념
할 수 있기를 희망한다는 점에서, 그가 이 실천에 사활을 걸고
있음을 알 수 있다. 다른 한편으로 이 구절은 바로 논박술의 실
천이 그가 받은 사형선고의 한 원인이 될 수밖에 없었음을 보여
주기도 한다.

만일 아테네인들이 이 점에서 소크라테스적 "엘렝코
스"에 정말로 적대적이었다고 한다면, 이런 형식의 탐구와 시험
이 결국은 실패에 이를 수밖에 없다고 결론짓지 않을 수 없다.
플라톤도 마찬가지로 실패를 인정했던 것처럼 보인다. 플라톤
은 오랜 기간 "엘렝코스"가 대화자들을 덕으로 인도하는 적절한

---

87   《변명》 41b~c (강조 표시는 인용자의 것).

교육도구라고 믿어왔음에도, 결국 "엘렝코스"의 실천에 대해 거리를 두기 시작해《메논》이후 대화편들에서 이 실천은 거의 사라지게 된다. 특히《국가》(VII 539b~d)에서 플라톤은 소크라테스의 입을 빌려, 젊은이들이 시도 때도 없이 사용하는 "엘렝코스"가 철학에 끼칠 수 있는 위험[88]에 관해 매우 엄격한 입장을 표명하기도 한다. 어떤 의미에서 "엘렝코스"의 실패는 곧 대중성을 띤 철학이 겪을 수밖에 없는 실패이기도 하다. 소크라테스가 공공장소에서 시민들과 토론을 했던 것에 반해, 그의 뒤를 잇는 철학자들, 특히 플라톤과 아리스토텔레스는 변증술적인 토론을 학원의 훈련으로 간주해 아무하고나 수행하지 않았다. 크세노폰은 소크라테스적 "엘렝코스"가 덕을 전하는 데 무력했다고 비난했던 자들의 말을 보고하기도 했다.(《회상》I 4, 1 참조)

---

88   L.-A. Dorion, "La critique de l'*elenchos* socratique dans *La Republique* (VII
            537d~539d)", in J.-B. Gourinat et J. Lemaire (éd.), *Logique et dialectique
            dans l'Antiquité*, Paris, 2016, pp. 43~66.

4 소크라테스와 그의 산파술

　　여기서 잠깐 다른 이야기로 넘어가자. 사람들은 소크라테스에 관해 이야기할 때, 대화자의 무지를 벗겨내는 무시무시한 논박가라는 면모로 그를 소개하기보다는, 반대로 친절한 "혼의 산파"라고 소개하는 것을 훨씬 더 기꺼워하는 편이다. 이렇게 소개하는 것은 《테아이테토스》의 한 대목에서 소크라테스가 자기 자신의 활동을 묘사한 것을 그대로 따른 것인데, 거기서 그는 생뚱맞게도 자신의 활동과 산파였던 자기 모친의 일 사이에 어떤 관련성이 있다고 주장한다.

　　그런데 이렇게 "수태*maieuseôs*"와 관련된 나의 직업에는 그녀들 [*즉 산파들]에게 속하는 모든 활동이 다 해당된다네. 하지만 여성의 임신이 아니라 남성의 임신이라는 것, 그리고 몸이 수태하는 과정이 아니라 혼이 수태하는 과정을 살핀다는 사실에서 다르다고나 할까. 사실 그것이 우리 직업의 가장 중요한 점이기도 하네. 젊은이의 생각이 허구적 상상의 산물로서, 즉 거짓으로서 나타나는지 아니면 이해의 열매로서, 즉 참으로서 나타나는지를 모든 수단을 동원해서 가늠할 수 있도록 한다는 점에서 말이지. 그렇지만 나에게는 한 가지 특징이 있는데, 이는 다른 산파들에게 해당되는 것이기도 하지. 그것은 나 자신은 지식을 담아낼 능력이 없다는 것이야. 또한 이미 많은 이들이 나를 비판할 때, 그러니까 내가 남들에게 질문만 던질 뿐 지혜로운 것이라곤 아무것도 갖고 있지 않기에, 나 자신은 무엇에 대해서건 어떠한 대답도 하지 않는다고 말할 때 그들의 비판은 옳은 것이네. 그 까닭은 이런 것이라네. 해산을 하게끔 돕는 것, 그게 신께서 내게 허락하신 일이야. 하지만 내가 직접 낳는 것은 못하게 막으셨지. 그러니까 이게 무슨 말이냐 하면, 나 자신은 결코 지혜로운 사람이 될 수 없을뿐더러 지혜라는 명칭에 걸맞은 그런 발견은 내 혼의 산물로서 결코 생겨날 수도 없다는 뜻이지. 하지만 나의 대화 상대자가 되는 이들은, 확실히 몇몇은 처음에는 딱히 똑똑해 보이지도 않네만, 관계가 지속될수록 신이 지혜를 허용하는 경우가 생기지. 그때 그들이 보여주는 성과는 참으로 놀라운 것일세. 그들 자신은 물론 다른 사람들이 보기에도 말이야. 그리고 또 분명한 점은 그들이 나로부터는 어떠한 것도 배우지 않는다는 사실이야. 오직 그들 자신으로부터, 수많은 아름다운 것을 그것들의 담지자로서 그들 스스로 발견해낸다는 것이네. 하지만 분만으로 말하자면, 신께서 그 원인이지. 그리고 나도 그렇고.[89]

이 탁월한 자화상은 청년기 대화편에 나타난 소크라테

---

89   《테아이테토스》150b~d.

스의 모습과 관련해 세 가지 핵심적인 요소를 담고 있다. 그 하나는 무지의 선언이고, 다른 하나는 그가 아무도 가르치지 않는다는 주장이며, 마지막 하나는 신이 그에게 맡긴 임무라 할 수 있다. 그런데 소크라테스의 초상과 관련된 이 세 가지 전통적 요소에 플라톤은 다른 한 가지, 즉 산파의 기능을 덧붙인다. 사실 이것은 모든 청년기 대화편들에는 나타나지 않는 모습이다.

여기서 무엇보다도 중요한 것은 이 산파술이 "엘렝코스"와 어떻게 구별되는가를 이해하는 것이다. 청년기 대화편에서 소크라테스는 스스로 지식을 갖고 있다고 믿는 대화자들에게 다가간다. 이는 물론 그들이 사실은 무지하다는 것을 밝혀주기 위한 것이다. 반면에 《테아이테토스》에서 소크라테스가 대화자들에게 다가가는 이유는 스스로 무지하다고 믿는 이들에게, 어떤 점에서 그들이 사실은 지혜로운가를 밝혀주기 위해서인 것이다! 달리 말해 "엘렝코스"는 대화 상대자가 실제로는 무지함에도 정작 스스로 지혜롭다고 믿는 자를 깨뜨리는 것이라면, 산파술은 반대로 스스로 무지하다고 믿는 대화자들에게 알고 보면 그들이 지혜롭다는 사실을 드러내주는 것이다.

그렇다면 어떤 연유로 플라톤은 이와 같은 전복을 수행하는 것일까? 《테아이테토스》가 상대적으로 후기 대화편에 속하며 그 이전 작품들에서는 산파술에 관한 어떠한 비유의 흔적도 찾아볼 수 없다는 사실로 미루어볼 때, 우리는 이 비유가 역사적 소크라테스에게서 비롯된 것이 아니라 플라톤적 영감의 산물일 것이라고 추정해볼 수 있다.[90] 비록 마일즈 번옛M.
Burnyeat이 이 해석을 드러내놓고 지지하는 것은 아니지만, 우리
로서는 산파술의 비유가 《메논》(81b~84a)과 《파이돈》(72e~77a)
에서 전개하고 있는 상기설을 그 가능조건으로서 전제한다고
생각해볼 만하다. 소크라테스가 분만을 담당한 혼은 앎으로 "풍
만해진" 것들로서, 그것은 추락해 몸에 갇히기 전에 이 앎을 관
조하고 획득했다. 혼은 이 앎을 담고 있으면서도 전혀 자각하지
못했는데, 혼이 신체 안에 묶여버리는 와중에 앎을 망각해버렸
기 때문이다. 산파술은 엄밀히 말해서 혼이 환생 이전에 획득했
던 앎을 상기할 수 있도록 질문을 던지는 것으로 이루어진다.[91]
신이 소크라테스에게 부여한 임무의 주제도 산파술에 부합하는
방식으로 수정되고 다시 손질된다.

　　　요컨대 《변명》에서 소크라테스의 임무가 "엘렝코스"의
힘을 빌려 타인을 시험하고 그의 무지를 드러내는 데 있었다면,
《테아이테토스》에서의 "새로운" 임무는 혼이 자기도 모르는 채
안에 담고 있는 앎을 상기하게끔 하는 데 있다. 이런 점에서 볼
때 청년기 대화편에서 소크라테스가 그와 교류하는 젊은이들이

90　　　M. Burnyeat, "Socratic midwifery, Platonic inspiration[소크라테스적 산
　　　　파술과 플라톤적 영감]", (1977), in Benson, 1992, pp. 53~65 참조.

91　　　이 해석은 고대에 이미 유행했던 것이지만(플루타르코스, 《플라톤의 문
　　　　제들》1000e; 프로클로스, 《플라톤 〈알키비아데스〉 주석》27.16~30.4 참
　　　　조) 근대의 주석가들을 통해 재론되기도 했다.(L. Robin, *Platon*, Paris,
　　　　1935, pp. 2~73 참조)

이룬 훌륭한 진보에 관해서는 일언반구도 하지 않는다는 사실도 그리 놀랍지 않다. 왜냐하면 소크라테스는 그저 그들의 무지를 드러내는 일에만 자기 자신을 국한시켰기 때문이다.

　　우리는 어떤 점에서 소크라테스의 초상이 진화해왔고, 또 플라톤의 사유가 진화함에 따라 어떻게 그 모습을 바꿔왔는지 볼 수 있다. 플라톤은 진정한 의미에서 대가적인 능력을 갖추고 있었다. 그는 그러한 변화가 역사적 소크라테스와는 더 이상 관계가 없다는 것을 독자들이 거의 눈치채지 못하게 하면서 기존의 요소들(예컨대 무지의 선언, 철학의 임무)에다 새로운 요소(산파로서의 소크라테스)를 성공적으로 통합시켰다. 요컨대 플라톤은 소크라테스라는 이름에 실제로는 자기의 발명품인 어떤 기능과 이미지를 지속적으로 결합시켜내는 식으로 대가의 솜씨를 발휘한 것이다.

5 신에 봉사하는 소크라테스

소크라테스는 자신의 철학적 활동을 신이 그에게 부여한 임무이자 반드시 수행해야 할 것이라고 소개하며, 이를 수행하지 않는다면 신성에 불복하는 죄를 짓는 것이라고 말한다.(《변명》29a, 38a) 이 '임무'란 그의 동포 시민들이 자기 자신들에 대해 깨닫도록 그들을 이끄는 것이다. 그는 이를 위해 한편으로는 그들이 뭔가를 안다고 착각하지만 실은 무지하다는 사실을 그들에게 드러내 보이며, 다른 한편으로는 그들이 혼을 돌보는 일보다 신체와 외적인 부에 더 큰 중요성을 부여하는 것에 대해 수치심을 느끼도록 만든다. 혼이 앎과 덕의 거처이기에 토론 현장에서 이중의 무지가 드러난 사람들은 바로 그 사실에 의해, 신체와 외적인 부를 돌보느라 그들의 혼을 소홀히 했다는 혐의를 받게 되는 셈이다.

만일 그들이 진정으로 자기들의 혼에 관심을 기울였다면, 그들은 실제로는 모르면서도 무엇인가를 안다고 믿는 것에 만족하지 않았을 것이다. 그런데 소크라테스가 종교적인 차원을 담고 있음에 분명한 이 임무를 근거로 내세울 때마다 어떤 때는 자신이 신에게 강력한 도움을 제공하며 신에게 봉사하는 중이라고 주장하고(23b, 30a), 또 어떤 때는 자신이 신의 명령에 복종하는 것이라고 주장하고(28e, 30a, 33c), 심지어 어떤 때는 자신을 신이 아테네에 보내준 선물이라고 주장한다.(30e, 31a) 따라서 이 모든 것은 마치 소크라테스가 철학의 실천 안에서 어떤 경건한 행위 내지는 신의 과업에 동참할 수 있는 길을 목도한 것처럼 진행된다고 할 수 있다. 그러나 신탁의 응답으로부터 임무를 도출해낸다는 것은 쉬운 일이 아니며, 오히려 불가능에 가까워 보인다. 왜냐하면 우리는 퓌티아의 신탁이 그를 가장 지혜로운 사람으로 선언했다는 단 하나의 사실로부터, 어떻게 소크라테스가 신이 그에게 내린, 사람들의 거짓된 지식을 벗겨내고 그들이 신체와 물질적인 부보다는 혼을 돌보도록 자극하라는 명을 받든다고 믿을 수 있는지 알 도리가 없기 때문이다.

《변명》의 중요한 한 대목은 소크라테스에게 있어서 신탁은 자신의 임무를 신적인 명령으로 받아들일 만한 표지標識들 중 하나에 불과하다는 점을 분명하게 보여준다.

> 아테네인 여러분! 여러분께서는 들으셨습니다. 제가 여러분께 말씀드린 모든 진실을 말입니다. 요컨대 그들[*소크라테스를 따르는 사람들]은 스스로 현명하다고 생각하지만 실은 그렇지 못한 사람들이 캐물음을 당하는 것을 들으면서 즐거워하는 것입니다. 실상 즐겁지 않을 리가 없지요. 그러나 제게 있어서 이것은 제가 말씀드리듯이 그리 실천하도록 신께 지시받은 것입니다. 신탁들을 통해서든, 꿈들을 통해서든, 그리고 그밖에 신적인 섭리가

누군가에게 무엇이든 실천하도록 지시할 때 있을 수 있는, 그런
온갖 방식을 통해서 말입니다.[92]

철학의 실천을 신의 주재 아래 놓음으로써 플라톤은 의
심할 나위 없이 스승을 변호하려는 목적을 추구한다. 즉 불경한
사람이니 무신론자니 하는 비난과는 달리 소크라테스는 이 점
에서 신에 복종했으며, 조금의 주저함도 없이 자신의 삶을 신에
봉사하는 일에 바쳤고, 개인적인 관심사마저 이 임무를 위해 희
생했던 것이다. 그리고 그가 겪었던 지독한 가난이 이를 잘 대변
해준다. 자기 스승의 철학적 실천에 이와 같은 신적인 기원을 부
여함으로써 플라톤은 소크라테스의 경건함을 강조했을 뿐만 아
니라, 바로 그 사실을 통해서 플라톤 자신이 동시대의 철학자들
과 소피스트들에게 진 지적인 채무를 은폐하기도 했다.

그렇지만 소크라테스의 임무가 갖는 신적인 기원은 신
성과 철학의 자율성이라는 주제와 관련해 성가신 문제를 불러
일으키기도 한다. 사람들은 종종 소크라테스를 자율적이며 이
성주의적인 윤리학의 선구자로 소개해왔다. 하지만 소크라테스
가 이해하는 것과 같은 그런 철학이 오직 인간 이성의 요구에만
복종하는 행위라고 간주하는 것은 잘못이다. 소크라테스 윤리
학의 자율적 성격을 지지하는 사람들은 다른 무엇보다도《크리

---

92   《변명》33c.

톤》의 다음 대목을 전거로 제시한다.

> 자네도 보다시피 (그것도 오늘 처음 본 게 아니라 늘 보아왔지 않
> 은가!) 나로 말하자면, 어떤 행동 규칙이든 간에 그것을 숙고해
> 본 결과 나에게 최선의 것으로 드러나지 않는다면, 절대로 그것
> 에 동의하지 않는 사람이란 말일세.[93]

 소크라테스는 바로 이 원칙의 이름으로 전통의 무게와
몇몇 시인, 특히 호메로스와 헤시오도스의 명성이 부여한 권위
를 지닌 고대의 가치와 관습에 대해서도 서슴지 않고 의문을 표
했던 것이다. 만일 《크리톤》의 이 대목에만 만족한다면, 우리는
소크라테스가 공들여 정립한 윤리학이 "자율적"이며, 그런 의미
에서 그의 윤리학은 행위의 준거로 인간 이성의 요구를 충족시
키는 규범만을 유일하게 인정한다고 간주할 권리가 있을 것이다.
 그러나 우리가 소크라테스의 입장을 정당하게 평가하
길 원한다면, 우리는 그가 살아오며 겪은 일련의 사건들 속에서
신적인 개입으로 간주했던 것에 대해 그가 취했던 태도 또한 고
려해야 한다. 소크라테스가 항상 즉각적으로 신적인 개입을 받
아들이기만 하고, 인간 이성이 신적인 개입에 대해 의심이나 도
전 혹은 거부를 할 수도 있다는 점에 대해서는 고려조차 하지 않

---

93 《크리톤》 46b.

은 것으로 드러난다면, 과연 우리는 그 "자율성"이란 개념에 의미를 부여할 수 있을까? 이와 같은 것은 소크라테스가 그의 영적인 신호[94]—사람들이 이것을 그의 "다이몬"이라고 습관적으로 잘못 불러왔지만— 와 대화를 나누었다는 보고들이 불러일으키는 주목할 만한 논쟁거리이기도 하다.

영적인 신호는 어린 시절부터 소크라테스에게 나타났다. 그것은 어떤 목소리와 같은 형태로 개입했다. 그에게 해야 할 일을 알려주기 위해서가 아니라, 그가 어떤 일을 수행하려 할 때 그 일에 착수하지 못하게 막기 위해서만 개입했다.(《변명》 31d) 한 가지 매력적인 해석은 영적인 신호를 소크라테스가 나쁜 일을 하려 들 때마다 반대표를 행사하는 도덕의식의 한 형태로 보는 것이다. 하지만 이런 해석은 문헌을 통해 담보될 수 없다. 사실 영적인 신호는 가령 소크라테스가 체육관을 떠나기 위해 자리에서 일어서려고 할 때와 같이, 아무런 도덕적 가치도 포함하지 않은 별로 대수롭지 않은 일을 행하려 할 때에도 개입하곤 했다.(《에우튀데모스》 272e) 소크라테스 자신도 영적인 신호가 재판이 있기 이전부터 사소한 일들에 관해서도 자주 개입하곤

---

[94]   플라톤과 크세노폰은 단 한 번도 소크라테스의 "다이몬*daimôn*[정령, 신령]"이란 말을 한 적이 없다. 그들은 다만 "영적인 것*daimonion*"에 관해, 그것이 종종 어떤 신호를 매개로 소크라테스에게 전해진다고 이야기했을 뿐이다. 소크라테스의 이 영적 신호를 신들과 인간을 이어주는 일종의 신령인 "다이몬"과 동일시하기 시작한 것은 서기 2세기 무렵, 그러니까 플루타르코스, 튀로스의 막시무스, 아풀레이우스와 같은 중기 플라톤주의자들의 활동기에 이르러서이다.

했다고 상세히 언급한다.(《변명》40a)

　　《변명》(31c~e)에서 소크라테스는 신호가 개입했던 한 가지 예를 보고했다. 이것은 그가 신적인 것을 향해 얼마나 충실하게 복종했는지를 보여주는 한편, 철학이 신에 대한 봉사 행위임을 확인시켜준다. 소크라테스는 그 신호가 한번은 자신의 정치 참여를 막기 위해 나타났다고 말한다. 신호는 자신의 개입 이유를 결코 설명해주지 않기 때문에 소크라테스 자신이 그 이유를 밝혀야만 했다. 이 경우 그가 정치 참여에 반대하는 것을 정당화하기 위해 영적인 신호에 부여한 이유는 이렇다. 정치 참여는 그의 목숨을 대가로 요구할 것이고, 따라서 그는 자신의 "임무", 즉 마치 등에가 그러하듯이(30e) 동포 시민에게 성가시게 굶으로써 그들이 혼을 돌보고 혼에 걸맞은 관심을 쏟도록 하는 일을 수행함에 있어 더 이상 유용한 일을 할 수 없게 된다는 것이다.

　　소크라테스가 영적 신호에 관해 제시한 해석이 이성의 보호 아래 작동하며 또 이성의 요구를 충족시켜야 하는 한, 우리는 이 해석의 순간이 소크라테스의 이성주의에 부합한다고 주장할 수 있다. 하지만 그렇다고 해서 이성이 그렇게 지고한 것은 아니다. 왜냐하면 이성은 영적인 신호에 충실하고 순종하는 것처럼 보이며, 또 이 신호의 개입에 결코 이의를 제기하지 않기 때문이다. 이 경우 영적 신호가 지시하는 것들이 소크라테스의 도덕 이성에 반하는 것이었다면, 그는 결코 신호의 지시를 따르

려 들지 않았을 것이라는 주석가들의 주장을 받아들이기는 어
렵다.[95] 우리가 느끼는 당혹감은 도덕 이성이 거부했을지도 모를
신적인 명령들에 소크라테스가 복종할 수도 있다고 생각하는
데서 오는 게 아니다. 오히려 그와 같은 입장이 도덕 이성이 전
적으로 위대하고 자율적이며, 그래서 신적인 명령에 복종하는
것을 거부할 수 있다고 주장하게끔 만든다는 데서 온다.

　　　그러나 영적 신호가 개입하는 근거에 대해서 소크라테
스가 아무런 물음도 던지지 않는다는 사실은 그 자체로 도덕 이
성의 한계 및 그 종속성을 잘 보여준다. 소크라테스는 신적인 개
입이 있고 나서야 그 의미를 발견해내고자 자신의 사유를 시작
한다. 그리고 그 개입 자체에 대해서는 결코 이의를 제기하지 않
는다. 영적 신호의 출현에 이어 해석의 순간에 직면했을 때, 그
가 보여준 태도는 퓌티아가 카이레폰에게 내린 응답을 알고 난
뒤에 그가 취했던 태도와 엄밀하게 동일하다.

　　　분명 소크라테스는 믿을 수가 없었다. 그러나 신탁은
결코 거짓말을 할 수 없기에(《변명》 21b)―이는 소크라테스가
신적 개입의 타당성과 정당성을 결코 의심하지 않았다는 것을
잘 보여준다―퓌티아의 응답을 해독해야 할 하나의 수수께끼
로 다뤄야 했다. 그 때문에 소크라테스는 자신의 이성을 사용해
그것의 진정한 의미를 꿰뚫어보려 탐구를 수행했던 것이다. 이

95　　　G. Vlastos, 1994a, pp. 388~389 참조.

렇게 신탁의 의미를 해독하려는 이성적인 노력은 소크라테스가 영적인 신호 및 여타 현상들—이것들을 통해 신들이 그들의 의지를 그에게 전달한다—을 해석하려 시도할 때 우리가 보게 되는 것과 일치한다.(《파이돈》 60e~61a 참조)

　　소크라테스가 특별한 논의 없이 신적인 개입을 받아들이는 한, 그리고 그것들 가운데 몇몇이 그의 인생 자체에 결정적인 영향을 끼쳤디고 한다면, 그의 윤리학이 자율성을 가졌다고 주장하는 것은 불가능해 보인다. 영적인 신호가 그의 정치 참여를 막았다는 사실은(《변명》 31d) 그가 막 착수하려 했거나 실천을 구상했던 어떤 행위라도, 신적인 개입이 그것들을 결정적으로 취소할 수 있음을 소크라테스가 즉각적으로 받아들였음을 입증한다.[96] 앙리 베르그손 Henri Bergson은 소크라테스의 윤리학이 이성을 능가하는 것에 귀를 기울이는 이성주의 윤리학의 역설적인 성격을 가진다면서 다음과 같이 말한다.

　　우리가 오늘날 그 말들의 의미를 따져보면, 그의 임무는 종교적이고 신비주의적인 명령에서 비롯된 것이다. 그의 가르침은 그것이 설령 완벽하게 이성주의적인 것이라 하더라도 순수이성을 넘

---

[96]　블라스토스(Vlastos, 1994a, pp. 389~390)는 소크라테스의 비판이성의 지고함을 유지할 수 있는 방법을 모색했기에, 《변명》 31d에서 말하고 있는 영적 신호의 개입에 대한 이와 같은 해석을 거부했다. 하지만 이 대목에 관한 그의 고유한 해석은 그다지 설득력이 없다.

어선 듯 보이는 무엇인가에 달려 있다.[97]

반면에 몽테뉴는 소크라테스의 열렬한 찬미자이긴 했지만, 그의 '신령'이라든가 신비스러운 탈아상태를 신뢰하지는 않았다. 그는 "소크라테스의 생애에서 그가 말하는 황홀경과 영적 체험을 제외하고는 어떠한 것도 나를 불편하게 하지 않았다"라고 말한다.[98] 그러나 인간의 "순수이성을 넘어선 듯 보이는" 것조차도 합리성의 영역 안에 머문다. 왜냐하면 "지혜"의 유일하게 참된 담지자라 할 수 있는 신은 늘 이성적이기 때문이다. 그러므로 소크라테스가 신적인 것의 영역에 순종하는 것은 비이성적 태도라 할 수 없다. 반대로 인간 이성에 있어서 그것은 오히려 자신의 한계로부터 잠시나마 자유로워지는 방식이자, 또 그런 식으로 찰나적으로나마 신적인 "지혜"에 다가가는 방식인 것이다.

신탁 이야기를 주의 깊게 분석해봄으로써 우리는 소크라테스 철학이 갖는 몇 가지 근본적인 주제를 제시할 수 있었다. 하지만 이제 우리는 그의 학설이 갖고 있는 또 다른 핵심적 요소들을 설명하기 위해 다른 대화편들에 도움을 청해야 한다.

---

97   *Les deux sources de la morale et de la religion*[도덕과 종교의 두 원천], (1932), Paris, 1962, p. 60.

98   《수상록》 III, 13, p. 1115.

6 소크라테스의 역설

우리는 공공의 의견*doxa*에 반해*para* 소크라테스가 옹호했던 윤리적 입장들을 일컬어 "소크라테스의 역설*paradoxes*"이라고 부른다. 그 주요 역설들은 다음과 같다. 첫째, 덕은 일종의 앎이다. 둘째, 누구도 고의로 악을 행하지 않는다. 셋째, 여러 덕은 하나의 단일성을 형성한다. 넷째, 불의를 행하는 것보다 차라리 불의를 당하는 게 더 낫다.(《고르기아스》 469b~c) 다섯째, 불의에 불의로 화답해서는 결코 안 되며, 어떤 일이 있어도 타인에게 악을 행해서는 안 된다. 설령 그 타인이 우리에게 악을 행했다 하더라도 말이다.(《크리톤》 49c~d) 여기서는 앞의 세 가지 역설에 대해 좀 더 자세히 살펴보고자 한다.

덕이 일종의 지식이라는 입장은 덕의 본성 및 그 전수 방식과 관련해 광범위한 의견들에 배치된다.[99] 그리스인들은 덕을 신에게 부여받은 것 내지는 천성적인 것으로 간주하거나, 혹은 아예 반대로 훈련의 결과라고 생각했다. 하지만 소크라테스처럼 덕이 하나의 앎이며, 덕의 획득만으로도 덕이 있는 사람이 되기에 충분하다고 간주하는 것은 적어도 친숙하지 않은 생각

---

99   《라케스》 194d; 《고르기아스》 460b~c; 《프로타고라스》 349d~361b; 《소히피아스》 375d~e; 《국가》 I 350d 참조.

이었다. 소크라테스는 지식이야말로 도덕적인 사람의 필요충분 조건이라 확신했다. 다시 말해서 필연적으로 또한 확실하게 도덕적인 사람이 되기 위해서는 덕의 본성이 무엇인지를 아는 것으로 충분하다는 것이다.(《프로타고라스》352b~d) 만일 누군가가 도덕적으로 행동한다고 주장한다면, 그는 필연적으로 덕이 무엇인지 알아야 한다. 그래서 신관이었던 에우튀프론은 그의 이름을 딴 대화편에서 경건함의 본성이 무엇인지 반드시 알아야만 했다. 그는 자기 아버지를 살인죄로 고발하면서 자신이 경건함에 맞게 행동한다고 확신하고 있었기 때문이다.(4a~e)

따라서 소크라테스가 쉼 없이 다양한 덕의 정의를 모색한 것은 그저 순수하게 이론적이고 사변적인 관심을 충족시키기 위해서가 아니었다. 그는 그로부터 우리의 삶을 인도하는 일에까지 이르고자 했다. 그래서 《라케스》의 끝 부분에서 소크라테스는 그곳에 모인 대화자들이 용기를 규정하는 데 모두 실패했음을 선언한 뒤에, 이튿날 여명에 다시 모여 토론하자는 데 동의했던 것이다!

만일 덕이 하나의 앎이라면, 우리는 덕의 본성에 관해 무지한 상태로 있는 한 좋은 삶을 영위하리라는 어떠한 보증도 받을 수 없다. 덕에 대한 앎은 덕에 부합하거나 혹은 반대되는 행위와 처신을 식별하게 해주는 하나의 모델을 제공한다는 점에서, 결코 실패하지 않는 안내자인 셈이다.(《에우튀프론》6e)

그와 같은 모델을 지닌 사람은 따라서 늘 좋은 선택을

할 것이라는 확신, 실수를 감수하지 않고 진정으로 좋은 것들을 선택할 것이라는 확신을 갖는다.(《에우튀프론》15e~16a 참조) 무엇보다도 급선무는 다양한 덕을 정의해내는 일이다. 왜냐하면 정의란 각각의 개별적인 덕이 갖고 있는 본성에 대한 앎을 진술하는 것이기 때문이다.

[덕이 곧 앎이라는] '덕-과학의 역설'은 정의를 구하는 대화편에서 등장인물을 선정하는 데 영향을 끼쳤을 가능성이 높다. 실제로 소크라테스의 대화자들은 저마다 토론의 대상이 될 만한 덕을 지녔다고 여겨진다. 그래서《라케스》에서는 두 명의 장군과 용기에 관해 토론하며,《에우튀프론》에서는 신관과 경건에 관해 의견을 나누고,《카르미데스》에서는 신중하기로 소문난 사춘기 소년과 사려에 관해 논의하는가 하면,《뤼시스》에서는 친구 사이인 두 명의 아이와 우정에 관해 이야기를 나눈다. 하지만 이들은 소크라테스의 요구를 충족시켜줄 만한 정의를 제시할 능력이 안 된다. 더욱이 그들은 소크라테스가 이런저런 덕을 정의해달라고 요구할 때, 그가 그들에게서 기대하는 것이 무엇인지 이해하는 것조차 힘겨워한다.

소크라테스가 그의 대화자들에게 기대한 것은 모든 사람과 모든 행위가 공유하는 독특한 성격과 특질을 밝혀내는 일이다. 이 성격과 특질로부터 우리는 그들이 이를테면 경건하다고 인정할 수 있기 때문이다. 아울러 바로 이것으로 말미암아 경건하기로 이름난 모든 행동과 사람이 "경건하게" 되기에, 소크라테스는 대화자들이 이 성격과 특질을 규정해내기를 기대하는 것이다.

그러나 대화자들이 처음에 제시하는 정의는 그런 기대를 만족시키지 못한다. 그 정의는 규정해야 할 덕의 여러 사례 가운데 하나를 제시한 것에 불과하다. 그래서 경건을 탐구하는 대화편인 《에우튀프론》에서 에우튀프론은 경건이란 자기가 하는 일, 즉 불의를 저지른 죄인을 찾아 단죄하는 것이라고 대답하고(5e), 사려를 탐구의 대상으로 삼는 《카르미데스》에서 젊은 카르미데스는 그 나이에 걸맞게 사려란 신중함을 보여주는 것이라고 답변하고(159b), 올바름의 정의를 구하는 《국가》 I권에서 사업가인 케팔로스는 올바름이란 진실을 말하는 것과 빚을 갚는 것에 있다고 주장하고(331b), 아름다움이 무엇인지를 탐구하는 《대히피아스》에서 소피스트인 히피아스는 아름다움이란 간단히 말해 아름다운 아가씨라고 단언하고(287e), 덕 일반의 본성을 탐구하는 《메논》에서 메논은 남자의 덕을 여자에게 어울리는 덕과 구별하며, 이것은 그 자체로 아이의 덕, 노인의 덕, 노예의 덕과 구별된다고 말한다.(71e~72a)

이것들 모두가 공통적으로 "덕들"임에도, 개개인들이 속한 특정 집단마다 그것의 고유한 덕들이 이렇게 걷잡을 수 없이 늘어가자, 마침내 소크라테스는 이렇게 외친다. "이보게, 메논! 분명히 나는 엄청난 행운을 얻은 것 같구먼! 나는 단일한 덕을 찾고 있었네만, 내가 발견한 것 좀 보게. 자네 곁에서 한 덩어

리의 덕들을 얻었단 말이지."[100]

　　다시 말해 소크라테스의 대화자들은 소크라테스가 어떤 덕을 X라 놓고 "X는 과연 무엇인가?"라고 물었을 때, 그가 자기들에게서 무엇을 기대하는지 제대로 파악조차 못했던 것이다.《라케스》에서 소크라테스는 친구가 질문을 이해하는 데 어려움을 겪게 했으니, 이는 분명 자기 책임이라고 두 번이나 은근히 반어적으로 이야기한다.(190e와 191c) 라케스가 느끼는 당혹감, 또 이런 부류의 질문에 답해야 하는 다른 대화자들이 느끼는 당혹감은 아마도 아리스토텔레스의 말마따나,[101] 소크라테스가 여러 도덕적 탁월성에 관해 그 보편적인 정의들을 최초로 탐구했던 사람이라는 사실에서 비롯된 듯하다.

　　우리는 플라톤의 대화편들 속에서 덕–과학의 역설이 어디에서 유래하는지 그 기원을 그려볼 수 있다. 이 역설은 여러 기술지식, 예컨대 의술, 건축술, 항해술, 지휘술 등과의 유비관계에서 영감을 받은 것이다. 이 여러 기술은 어떤 목적을 지향하는 인간의 행위가 지식에 근거할 때 대부분 성공에 도달한다는 것을 입증한다는 점에서 본보기가 될 수 있다. 달리 말하면 지식이야말로 기술적인 행위의 성공 조건이라는 것이다.[102] 그런데 기술 활동 분야에서 사정이 그렇다면, 정치와 윤리 분야에서 사

100　　《메논》72a.

101　　《형이상학》M 4, 1078b17~19.

102　　《에우튀데모스》279e~280b;《국가》I 340d~e 참조.

정이 달라야 할 이유가 없지 않은가? 지식이 기술 활동 분야의 성공을 보장해주는 것처럼 보이듯이, 소크라테스는 지식이 윤리와 정치의 영역에서도 마찬가지로 성공을 보증하는 데 사용될 수 있다고 믿고 지지하는 것이다.

　　《고르기아스》(460a~b)에서 소크라테스는 기술 설명 모델로부터―비록 사용하는 논변은 좀 다르지만―같은 결론, 즉 덕은 일종의 지식이라는 결론을 도출해낸다. 의사가 되기 위해서는 의술을 공부하고, 건축가가 되기 위해서는 건축술을 공부하는 것으로 족한 것과 마찬가지로, 올바름이 무엇인지에 대해 배운 사람은 반드시 올바를 수밖에 없다.

　　적지 않은 대화편에서 소크라테스는 다음과 같이 덕과 기술 사이에 또 다른 관계를 정립하고 있다.[103] 기술들이 작품 내지는 "제품*ergon*"을 구현하기 위해 지식에 의존하는 것과 마찬가지로, 덕 역시 그것이 지식에 의해 어떤 결과나 "효과*ergon*"를 산출해야 한다. 그런데 덕의 결과는 기술의 결과와 본성상 똑같지는 않다. 왜냐하면 그 결과는 (예컨대 자아의 향상이나 행복처럼) 혼에 내재하기 때문이다.

　　비록 여러 기술이 목적지향적인 행위의 본보기, 즉 행위의 성공 여부는 그 행위를 지배하는 지식에 달려 있다는 본보기를 제공함에도 불구하고, 소크라테스는 기술지식과의 유비가

103　　《에우튀프론》 13d~14a;《카르미데스》 159a, 161a, 165c, d~e, 173a, 174d, 175a;《에우튀데모스》 291d~292b 참조.

갖고 있는 한계들을 인지하고 있었다. 이 한계들은 도덕지식과 기술지식 사이의 환원할 수 없는 차이와 관련되어 있다. 첫 번째 차이는 기술지식이 행위의 성공을 위한 하나의 필요조건인 데 반해, 도덕지식은 필요충분조건이라는 점이다. 이 차이는 《소히피아스》에서 분명하게 드러난다.(371e~376c) 거기서 소크라테스는 특정한 기술에 능통한 자는 좋은 결과든 나쁜 결과든, 자기가 마음먹은 대로 산출할 수 있음을 보여주려 애쓴다. 가령 유능한 도공은 아름다운 단지를 만들 수 있지만, 그가 마음만 달리먹는다면 질이 아주 형편없는 단지를 만들 수도 있는 것이다.

분명한 것은 유능한 도공이 도예에 관해 무지한 사람보다 우월하다는 것이다. 왜냐하면 후자는 필요한 능력의 결여로 인해 오직 나쁜 결과만 얻을 것이기 때문이다. 기술적인 능력은 따라서 성공을 얻는 데 필요조건이지 충분조건은 아니다. 이점에 관해 기술상의 본보기를 도덕지식에 적용시켜보면 받아들이기 힘든 결론이 도출된다. 이를테면 도덕지식을 갖고 있는 사람은 마음먹기에 따라 도덕적으로 행동할 수도, 혹은 그렇지 않게 행동할 수도 있다. 그리고 그 점에서 그는 무지해서 도덕적으로 행할 수 없는 사람보다 우월하다. 그런데 올바름이 뭔지 아는 사람은 불의하게 행동할 수 없다.[104] 그리고 정확히 바로 그 이유 때문에 도덕지식은 기술지식과 달리 행위의 성공을 보장하기

---

[104]　《고르기아스》 460c~461a; 《국가》 I 335c~e 참조.

위한 필요조건인 동시에 충분조건이 되는 것이다.

　　두 번째 차이는 분명 가장 중요한 것이라 할 수 있는데, 기술지식이 도덕지식에 종속된다는 사실이다. 의술의 경우 기술지식의 종속성을 가장 명확하게 보여주는 예라 할 수 있다. 의사는 의술의 규칙을 적용함으로써 어떤 "결과*ergon*", 즉 환자의 회복이란 결과를 산출한다. 하지만 그는 그저 의사이기에, 특정한 경우 혹은 특정한 사람에 직면할 때 건강의 회복을 도모해야 하는지 말아야 하는지 알지 못할 수도 있다. 어떤 경우에는 환자의 건강이 악이 될 수도 있기 때문이다.

　　따라서 의사는 어떤 환자에게 있어서 또 어떤 상황에서, 그가 산출할 결과가 좋은지 혹은 나쁜지에 관해 알지 못한다.[105] 즉 좋음과 나쁨에 관한 앎은 자신이 산출하는 것이 정말로 좋은 것인지 확실하게 규정할 능력이 없는 기술지식을 뛰어넘는다. 기술지식의 종속은 정치 영역에서 중요한 반향을 일으킬 수 있다. 개인과 집단의 행복을 보장해주는 앎은 기껏해야 물질적 풍요를 보장해주는 기술지식이 아니라, 바로 도덕지식이다.

　　《카르미데스》에서 소크라테스는 가상의 도시를 꿈꾼다.(173a~d) 그 도시의 지도자들은 각자의 능력을 알아볼 수 있을 것이며, 따라서 도시의 삶에 필수적인 모든 기능은 유능한 사람들에게 맡겨지게 될 것이다. 하지만 소크라테스는 결국 그가

105　　《카르미데스》164a~c;《라케스》195c~d ;《고르기아스》에 있는 키잡이와 관련된 예화(511d~512a) 참조.

상상했던 이 입장을 잘못된 꿈으로 여기고 포기한다. 왜냐하면 기술적 능력의 요구에 따라 운영되는 도시에서는 행복을 파악하는 것이 보장되지 않기 때문이다.(173d 참조)

　　이 구도에 따르면 기술 관료들이 지배하는 도시에서 기술적 행위를 지배하는 유일한 규범은 오직 능력에 있는데, 소크라테스는 최종적으로 이 관점을 포기한 셈이다. 그는 도시의 행복이 일종의 건축술적인 앎에 의존한다고 확신했다. 각각의 앎이 지닌 목적과 유용함의 조건을 규정하는 일이 이 앎에 속하는 한, 이것은 여러 다양한 행위를 그 전체로서 지배하는 앎이라 할 수 있다. 이 건축술적인 앎이 바로 좋음과 나쁨에 대한 앎인 것이다. 분명한 것은 행복이 물질적 풍요와 동의어가 아니라는 사실이다. 그래서 소크라테스는 도시에 거대한 설비들(예컨대 성벽, 사원, 창고, 함선 등)을 갖추는 일에만 열중하고,[106] 그럼으로써 그들의 진정한 의무이자 행복의 조건, 즉 그들의 시민들을 훌륭하게 만드는 일을 소홀히 하는 동시대의 정치인들을 비난했던 것이다.

　　셋째, 기술지식은 가르침의 대상이기에 우리는 그것을 쉽게 다른 사람에게 전수할 수 있지만, 덕은 가르침의 대상이 될 수 있는지 확실하지 않다는 점이 다르다. 소크라테스는 덕으로 이름을 떨쳤던 위대한 아테네의 정치 지도자들, 특히 페리클레

106　　《알키비아데스》134b;《고르기아스》517b~c, 518e~519b 참조.

스, 테미스토클레스, 아리스테이데스 같은 이들이 그들의 기술적 능력들(승마, 투창 등)은 자식들에게 전수해줬음에도, 정작 덕을 전수하는 데는 무능했다는 점을 기회 있을 때마다 어느 정도 감정까지 담아 상기시키곤 했다.[107]

이 정치인들이 자기 자식들과 동포 시민들을 훌륭하게 만드는 데 무능했다는 것은 아마도 그들이 진정으로 덕을 갖춘 사람이 아니었다는 사실과 무관하지 않을 것이다. 아닌 게 아니라 《변명》에서 소크라테스는 정치 지도자들을 상대로 수행했던 탐구를 통해 이 사실을 드러내고 있다. 그들이 실패했다는 사실로부터 덕이 가르침의 대상이 될 수 없다는 결론에 이를 수는 없다. 소크라테스가 늘 주장하듯 덕이 일종의 앎이라면 결국 그것은 원칙적으로 가르침의 대상이 되어야 하기 때문이다. 그런데 덕의 교육 가능성과 관련해(《메논》 89d~96c) 소크라테스를 괴롭혔던 의혹들은 혹시 그가 덕이 앎이라고 늘 확신했던 것은 아니었을지도 모른다는 여지를 우리에게 남긴다.(《메논》 96d~98c)

'누구도 고의로 악을 행하지 않는다'[108]라는 두 번째 역설은 첫 번째 역설로부터 도출된 것이다. 덕이 일종의 앎이고, 또한 덕의 앎은 필연적으로 그에 걸맞은 행위를 이끌어낼 수밖

---

107   《라케스》 179a~d, 180b; 《메논》 93a~94e; 《프로타고라스》
       319e~320b; 《알키비아데스》 118c~119a 참조.
108   《프로타고라스》 345d~e, 358c~d; 《변명》 25d~26a; 《고르기아스》
       467c~468c, 509e; 《메논》 77b~78b 참조.

에 없다고 할 때 악을 자행하는 이는 무지에 의해, 그리고 자신의 의도와 무관하게 악을 행한다는 결론이 도출된다. 소크라테스는 자신의 입장이 갖는 역설적인 성격을 굳이 감추려 하지 않는다.(《프로타고라스》352d~e 참조) 당시 일반적인 의견은 메데이아가 잘못이라는 것을 알면서도 자기 자식들을 죽이려 준비했던 것처럼, 잘못을 알면서도 악을 행하는 게 가능하다는 생각이 있다.[109]

몇 세기 뒤에 로마 시인 오비디우스는 소크라테스가 틀렸다고 지적한 이 대중적 입장을, 메데이아의 입을 빌린 이 유명한 시구로 표명한다. "*video meliora proboque, deteriora sequor*[더 좋은 것을 나는 보고 또 인정하면서도, 더 나쁜 것을 따르는구나]."[110] 소크라테스는 우리가 잘못을 알면서, 즉 우리가 지금 하려는 것이 악하다는 것을 알거나 혹은 그렇다고 믿으면서 악을 저지를 수 있다는 것을 인정하지 않았다. 사람들은 결코 악을 그 자체로 선택하지 않으며,[111] 언제나 그들이 보기에 좋다고 생각되는 것을 한다. 그러나 그들은 진정으로 좋은 것에 관해 무지한 까닭에 종종 겉보기에만 좋은 것, 즉 위선적인 것을 실로 좋은 것인 양 선택하곤 하는 것이다.

사람들이 저지르는 악이 고의적이지 않다고 할 때, 이

---

109   에우리피데스, 《메데이아》 1078~1079 참조.

110   《변신 이야기》 VII 20~21.

111   《고르기아스》 468a~c; 《메논》 77c~78b 참조.

는 그것이 진정으로 바라는 것―좋은 것―에 부합하지 않는다는 의미에서, 또 그것이 항상 무지에서 비롯된다는 의미에서 그렇다는 것이다. 요컨대 사람들이 좋음과 덕의 진정한 본성을 제대로 배웠다면 결코 악을 저지르지 않는다는 것이다. 따라서 소크라테스의 윤리학은 엄격하게 주지주의적이라 할 수 있다. 왜냐하면 그의 윤리학은 무엇이 좋은지를 아는 사람이 강제적이고 격렬한 충동으로 인해―그 충동이 분노든, 공포든, 욕망이든, 혹은 쾌락의 유혹이든 간에―좋은 것을 행하지 않을 수 있다는 당시의 입장을 결코 인정하지 않기 때문이다. 소크라테스는 지식이 지휘나 명령의 힘을 결코 갖고 있지 않기에 비이성적인 충동에 의해 쉽게 무력화되고 전복될 수 있다는 대중적인 견해에 맞선다.(《프로타고라스》352b 참조)

소크라테스에 따르면 지식이 무력하지 않다는 데는 조금도 의심의 여지가 없다. 오히려 그는 지식이 결코 실패함 없이 탁월한 방식으로 인간의 행위를 규정해줄 힘을 갖고 있다고 믿었다. 요컨대 소크라테스에게 있어 지식이 무기력하며 마치 노예와 같이 충동에 지배될 수 있다고 보는 것은 불합리한 생각이었다.(《프로타고라스》352c 참조) 아리스토텔레스식으로 말하자면, 소크라테스는 "아크라시아(*akrasia*, 자제력 없음)"의 가능성을 부정한 것이다.[112]

---

112   《니코마코스 윤리학》VII 2, 1145b25~26;《대大도덕론》II 6, 1200b25~29 참조.

　　누군가가 지식을 갖고 있다면, 그는 필연적으로 자기 자신의 주인이 될 것이다. 따라서 사람들이 "아크라시아"라 부르는 것, 즉 공포, 두려움, 분노 혹은 욕망에 제압당한다는 것은 사실상 무지에 의한 것이 된다.(《프로타고라스》358c, 359d 참조) 아울러 소크라테스가 무지를 악으로,[113] 그것도 모든 악 가운데 가장 큰 악으로 간주한다고 해서 그리 놀랄 일도 아니다.(《고르기아스》458a~b)

　　소크라테스가 앎을 도덕적인 행위의 선택에 있어 필요충분조건으로 간주하는 한, 그는 "아크라시아"를 부정할 뿐만 아니라 "엥크라테이아(*enkrateia*, 자제력)" [혹은 절제]도 마찬가지로 부정하게 된다. 이것 역시 덕 그리고 지식과는 구별되는 어떤 상태로 간주되기 때문이다.

　　크세노폰의 소크라테스가 "엥크라테이아"에 특권적인 지위, 즉 덕의 근간이라는 위상을 부여했던 것에 반해,[114] 플라톤의 소크라테스는 "엥크라테이아"에 어떠한 역할도 할당하지 않는다. 청년기 대화편들에 이 용어가 나오지않는다는 사실을 통해서도 확인되는데, 이는 비교적 쉽게 이해된다. 왜냐하면 덕을 갖추는 데 앎만으로 충분하다면 "엥크라테이아"는 그 존재이유를 상실할 것이기 때문이다. "아크라시아"의 부정으로부터 필연

113　　《뤼시스》218a;《고르기아스》477b;《에우튀데모스》281e;《국가》X, 609c;《필레보스》48c, 49a;《생애》II, 31 참조.

114　　《회상》I 5, 4.; 이 책 148~149 참조.

적으로 "엥크라테이아"의 무용론無用論이 도출된다. 즉 지식이
나타날 때 아크라시아가 불가능하다면 "엥크라테이아"는 불필
요한 것이다.

　　신체적 쾌락의 극복으로 이해되는 "엥크라테이아"의
복권이 "아크라시아"의 가능성을 인정하는 것과 함께 이루어졌
다면, 이것은 결코 우연이 아니다. 플라톤은《국가》에서 혼을 세
부분으로 이해한 이래 "아크라시아"의 가능성을 받아들이게 된
다. 왜냐하면 어떤 사람이 혼의 열등한 부분에 자리 잡은 욕망에
의해 지배당할 경우, 어떠한 것도 그가 좋음에 대한 앎과 반대
로 반응하는 것을 막지 못하기 때문이다. 지식이 더 이상 도덕적
인 행위를 충분히 보장해줄 수 없다면, 그 지점에서 "엥크라테이
아"가 지식과 이성을 보조해주는 것으로서 자신의 존재이유를
찾게 된다.(《국가》IV 430e~431b 참조)

　　플라톤이 청년기 대화편들에서는 지식만으로 충분할
뿐 "엥크라테이아"는 무익한 것이라고 주장하며 이를 등한시한
반면, 이후의 플라톤은 "엥크라테이아"와 화해하고 이것의 중요
성을 인정한다. 비록《회상》에서 크세노폰의 소크라테스가 부
여했던 중요성에 필적할 정도는 아니지만, 그럼에도 무시할 만
한 것 또한 아니다.[115]

　　덕의 단일성이란 주장에 나타난 세 번째 역설에 관해서

115　　《프로타고라스》328e~334c;《고르기아스》507a~c 참조.

는 간략하게 소개하고자 한다. 소크라테스와 동시대를 살아간 대다수의 사람이 생각하기에, [우리는] 몇몇 덕은 가질 수 있지만 다른 몇몇 덕은 결여할 수도 있다. 그렇기 때문에 이를테면 어떤 사람이 한편으로는 경건하지만 동시에 겁쟁이일 수 있다. 반면에 소크라테스는 우리가 다른 덕들과는 무관하게 하나의 덕만을 갖는 것은 불가능하다고 생각한다.

경건한(혹은 올바른, 용감한 등) 사람은 필연적으로 다른 모든 덕도 갖게 된다. '덕의 단일성'이란 다양한 덕 하나하나의 토대로서 사용되는 지식이 본질적으로 같은 것, 즉 좋음과 나쁨에 대한 앎(《라케스》 197e~199e 참조)이라는 주장에서 비롯된다. 덕이 일종의 지식이라고 한다면, 또 좋음과 나쁨에 대한 앎이 윤리적 영역 안에서 중요하게 알아야 할 모든 것을 필수적으로 포괄한다면, 이 앎이야말로 여러 덕을 구성하는 다른 모든 앎의 원천이 되는 셈이다. 개별적인 덕 각각은 좋음에 대한 앎을 머금고 있다. 만일 그것들 하나하나가 인간을 훌륭하게 만드는 데 기여한다면, 그것들은 인간의 선에 부합하는 것들에 관해 결코 무지할 수 없다.

인간의 좋음이 분열되어 있다고 주장하지 않는 한, 또 그것이 이런저런 덕을 고려할 때마다 매번 다르다고 주장하지 않는 한―사실 이것이야말로 소크라테스가 받아들이기를 거부하는 것이다―오직 좋음과 나쁨에 대한 앎이야말로 유일하게 덕에 필수 불가결한 앎으로 드러난다고 할 수 있다. 사람들은 덕의 단일성이라는 주장을 모든 덕 상호 간의 동일성을 의미하는 것으로 이해해야 하는가,―이는 덕들이 그것들의 정의를 통해서는 서로 구별되지 않음을 의미한다―아니면 오히려 덕들 간의 분리불가능성을 주장하는 것으로 이해해야 하는가―이 경우 덕들은 각각의 고유성을 유지할 것이며 각각이 서로 구별되는 정의를 갖게 될 것이다―라는 물음에 대한 답을 구하고자 많은 토론을 전개해오고 있다.

7 소크라테스, 유혹의 대가이자 '진정한 연인'

　우리는 지금까지 소크라테스가 옹호했던 윤리학설의 주요 입장을 소개하는 데 전념해왔다. 하지만 우리가 소크라테스를 하나의 학설로 환원할 수 있다고 믿는다면 그것은 오류일 것이다. 무엇보다 플라톤의 저술들은 대화이지 논고가 아니다. 아울러 그가 그린 소크라테스라는 인물은 수동적인 청중들 앞에서 어떤 초월적인 학설을 제시했던 무미건조한 교수가 아니라, 자신의 대화자들과 끊임없이 좌충우돌하며 그들을 당혹스럽게 만드는[116] 스승이었다. 적어도 그가 뿜어내는 매력의 대부분은 대화자들을 혼란스럽게 하고, 또 그들을 질문 속으로 몰아넣는 방식 속에 있다는 사실을 놓쳐서는 안된다.

　우리는 이 장의 결론을 대신해 소크라테스가 무엇보다도 자신을 에워쌌던 젊은이들을 유혹하고 매혹시킬 수 있었던 그 거대한 힘의 원동력이 무엇이었는지 제시하고자 한다. 《향연》에서 알키비아데스가 그의 스승에게 보낸 화려한 예찬이 잘 보여주듯이(214a~222a), 소크라테스는 그 특징 하나하나에 있어

116　소크라테스의 이 "해괴한atopos" 성격에 관해서는 《알키비아데스》 106a; 《향연》 215a, 221c~d; 《파이드로스》 229c, 230c; 《테아이테토스》 149a 참조.

서 에로스에 대응된다고 할 수 있다.

　　소크라테스가《변명》(23c)에서 한 증언에 따르면, 많은 젊은이들이 그가 이른바 지혜롭다고 알려진 저명하거나 영향력 있는 인사들의 무지를 대낮에 드러내는 것을 보며 즐거워했다고 한다. 우리가 몇몇 대화편을 통해 확인할 수 있듯,[117] 소크라테스가 젊은이들 곁에서 커다란 성공을 거둔 것은 그가 가짜 지식인들을 "엘렝코스"로 굴복시킴으로써 명성을 얻었다는 사실뿐만 아니라, 그가 동일한 논박으로 굴복시킨 젊은이들 사이에서 어떤 욕망을 일깨웠다는 사실과도 관련이 있다. 소크라테스가 젊은이들을 매혹시킬 수 있었던 힘은 좀 이상하고 역설적으로 보일 수 있기는 해도, 대부분 그가 그들을 상대로 행사했던 논박술에 기반을 둔 것이다. 이 명백한 역설을 설명하기 위해서는 대화편《뤼시스》를 통해 잠시 논의를 우회할 필요가 있다.

　　이 작품은 친애에 관한 소크라테스 사상의 굵직굵직한 면들을 제시하고 있다. 모든 친애(그리고 모든 사랑)는 그것이 개입하고 연결시키는 대상들 사이의 어떤 "근친성*oikeion*" 같은 것을 전제한다. 그런데 친애의 기본이 되는 근친성은 매우 다양한 관심 분야에 속할 수 있는데, 소크라테스는 이것들을 혼, 혼의 습관, 성향, 외양外樣이라는 네 가지 항목 아래에 놓는다.(222a) 다양한 유형의 친애가 동일선상에 놓이는 것을 피하기 위해, 소

117　　《라케스》180e~181a;《카르미데스》156a 참조.

크라테스는 모든 유형의 근친성 사이에는 다른 것들을 넘어서는 하나가 있다고 주장한다. 그것은 혼 그리고 혼이 겪는 좋음에 대한 열망이다. 혼의 관점에서 보자면, 내가 누군가를 좋아한다는 것은 내 혼이 좋음을 열망하기 때문에―또 좋음을 열망하는 딱 그만큼―그를 좋아하는 것이다. 이것은 또 소크라테스가 알키비아데스에게 한 약속의 심오한 의미이기도 하다. "그러나 너의 혼을 사랑하는 사람은 네 혼이 최선을 향해 나아가는 한 결코 멀어지지 않을 것이야."(《알키비아데스》131d)

반면 한때 그를 보고 한숨짓던 수많은 사람들은 청춘의 빛으로 영롱하게 반짝이는 그의 신체에 반한 사람들일 뿐, 그들은 그가 더 이상 젊음의 꽃그늘 아래 머물 수 없다면 곧바로 그를 떠나버릴 것이다. 신체의 아름다움, 부, 명예 혹은 쾌락에 대한 열망과 달리, 좋음에의 열망은 우리와 진정으로 닮은 것을 추구하는 유일한 욕망이다. 즉 이것은 우리가 결여되었다고 느끼며 괴로워하는 우리 자신의 한 부분이며, 결국 이것의 회복을 통해 우리는 이것 자체와 조화를 이루는 어떤 본성의 충만함을 얻게 될 것이다. 좋음에의 열망은 좋음과 관련해 갖게 되는 일종의 결여감 내지는 결핍감으로부터 생겨난다.

소크라테스가 저항할 수 없는 유혹의 대가라면, 그것은 엄밀히 말해 "엘렝코스"를 통해 젊은 대화자들 사이에서 스스로 무지하다는 자각을 촉발시키기 때문이다. 바로 이 자각이야말로 좋음과 관련된 결핍감으로 이해될 수 있다. 지식과 좋음은 밀접하게 연결되어 있기 때문이다. 달리 말하면 소크라테스가 한 젊은이로 하여금 자신의 무지를 깨닫게 할 때, 그는 그 젊은이의 내부에 지식에의 욕망과 좋음에의 열망이 함께 생겨나도록 만드는 것이다. 하지만 그 젊은이가 보기에 소크라테스야말로 자기에게 결여된 지식과 좋음을 체현하고 있기에, 자신의 욕망이 소크라테스에게 고정되고 또 그에 대한 사랑에 빠지게 되는 것을 결코 피할 수 없게 된다.

이 지점에서 소크라테스가 자신이 무지하다는 선언에 관해 진지하다면 자신이 이러한 욕망의 독점적 대상이 되는 것에 동의해서는 안 된다. 왜냐하면 만일 그렇지 않다면 그는 정말로 욕망과 열의를 왜곡시키는 죄를 범하는 셈이기 때문이다. 그의 역할 또한 다음과 같이 상당히 미묘하다. 한편으로 그는 젊은이의 내부에 있는 욕망을 다루어야 하는데, 그 욕망은 젊은이가 앎과 덕의 길로 들어섬에 있어서 진보의 조건이라 할 수 있다. 그러나 다른 한편으로 소크라테스는 자신이 젊은이한테 욕망의 대상이 되는데, 그는 그 욕망이 젊은이에게 [그 자체로] 목적이 되거나 소비되지 않도록 거부해야 한다. 이 욕망이 그 진정한 대상, 즉 지식과 좋음이라는 대상으로부터 벗어나서는 안 되기 때문이다.(이와 관련해서는《파이드로스》249a도 참조)

알키비아데스는 어떻게 소크라테스가 자신의 반복적이고 끈질긴 유혹을 물리쳤는지에 대해 이야기하는 대목에서 다음과 같은 점에 주목한다.

하지만 어쨌든 그가 나만 그렇게 다룬 건 아닙니다. 글라우콘의 아들인 카르미데스, 디오클레스의 아들인 에우튀데모스 그리고 다른 많은 사람도 그렇게 다뤘지요. 그는 자기가 "사랑하는 사람_erastês_"인 양 그들을 속였지만, 사실은 "사랑하는 사람_erastou_"이라기보다 "사랑받는 사람_paidika_"처럼 굴었지요.[118]

이렇듯 소크라테스는 전통적으로 동성애 관계에서 성인 남자와 청소년 사이에 맺어진 역할의 완전한 전복을 감행한다. 소크라테스는 통상 "사랑하는 사람_erastês_"의 역할을 하고 또 그 "욕망의 대상이 되는 소년_paidika_"을 유혹하기에는 가장 늙은 축에 속하지만, 일단 그가 사랑하는 사람의 역할을 하는 것처럼 속이고 난 뒤에는 오히려 사랑받는 사람이 되어 마치 사랑에 빠진 사람처럼 그를 좇는 젊은이들의 욕망을 허락하지 않는다. 아울러 이 대목은 다른 누구보다도 소크라테스에 의해 유혹당하고 또 조롱거리가 된 젊은이들 세 명의 이름을 알려주고 있다는 점에서도 시사적이다.

다행히 우리는 이 세 젊은이의 대화들을 보존해왔으며, 그들의 일치된 모습은 《향연》에서 알키비아데스가 제시한 설명을 확인시켜준다. 카르미데스[119]와 에우튀데모스[120] 그리고 알키

---

118   《향연》 222b.

119   그의 이름을 딴 대화편 참조.

120   크세노폰, 《회상》 IV 2 참조.

비아데스[121]는 모두 미남 청년으로서 하나같이 정치 참여의 열망에 빠져 있었지만, 자기들 자신에 대해서는 자각하지 못한 상태였다. 물론 소크라테스는 그들이 무지한 상태이기에 정치적 책임을 감당하기에는 아직 준비가 되지 않았음을 보여주기 위해 그들 한 명 한 명과 토론을 시작할 때마다 그들을 논박한다. 이 세 개의 토론이 끝나고서 젊은이들은 자신들의 무지를 인정하게 되고, 자기들이 훌륭한 사람이 되고자 한다면 소크라테스와 열심히 교류해야 할 필요가 있음을 절감하게 된다. 카르미데스, 알키비아데스 그리고 에우튀데모스는 그들을 향한 소크라테스의 논박에 대해 보복을 원하기는커녕 더 이상 소크라테스에게서 떨어지지 않겠노라고 약속할 정도로 [그의] "매력에 빠지게 된"다.[122] 그러므로 "엘렝코스"는 지식과 좋음에 대한 열망이 생겨나도록 기여한다는 점에서, 소크라테스가 그의 젊은 대화자들에게 행사하는 매혹적인 힘의 핵심 장치인 셈이다.

왜 젊은이들이 그토록 소크라테스를 추종했는지에 대한 설명은 비록 우리가 그로부터 2,400년이나 떨어져 있음에도, 근본적으로는 무엇이 끊임없이 새롭게 그에 대한 우리의 관심을 유발시키는가에 대한 설명과 크게 다르지 않을 것이다. 플라톤의 대화편이 지닌 마력을 통해 보건대, 소크라테스의 질문이 갖는 당혹스러우면서도 유익한 효과는 그의 직접적인 대화자들

---

121   《알키비아데스》I 참조.

122   각각 《카르미데스》 176b, 《알키비아데스》 135d, 《회상》 IV 2, 40 참조.

에게만 예약되어 있는 것이 아니다. 그 유익한 효과는 대화편을 읽는 독자들에게도 미친다. 물론 독자들이 가장 중요한 물음들에 관해 자신들의 무지를 인정할 준비가 조금이라도 되어 있다면, 또한 탐구하지 않는 삶은 결코 살아갈 가치가 없다는 신념을 행동으로 전환시킬 준비가 조금이라도 되어 있다면 말이다.

5장

_____

**크세노폰의
소크라테스**

크세노폰의 소크라테스 관련 저술들(《회상》,《향연》,《경영론》,《변론》)의 흥미로운 점은 우리에게 소크라테스에 관한 "대안적인" 초상을 제공한다는 사실이다. 소크라테스 추종자들에게서 유래한 초상들 가운데 유일하게 플라톤이 제시한 것과 대결시켜볼 만큼 완전한 것이기도 하다. 더욱이 오늘날에는 크세노폰의 소크라테스 관련 저술들의 복권을 반대할 어떤 이유도 없다. 우리가 이 저술들에 쏟아졌던 비판들, 그래서 20세기 대부분의 기간 동안 그것들을 무시했던 주요 비판들을 돌이켜보면, 무엇보다 "소크라테스의 문제"에 대한 답을 탐구하는 장에서 크세노폰의 증언이 갖는 신뢰성을 깎아내리는 데 열중했음을 확인할 수 있다. 이 질문이 사실상 해결될 수 없는 (잘못 제기된) 문제인 이상, 우리는 이 질문을 폐기함으로써 크세노폰의 소크라테스 관련 저술들에 가해진 대부분의 비판을 무효화 할 수 있을 것이다.

그럼에도 무효화할 수 없는, 결코 사소하지 않은 비판이 하나 남는다. 이 비판은 지금도 강한 영향력을 행사하고 있는 슐라이어마허의 연구(1818년)로 거슬러 올라간다. 이 비판의 핵심은 크세노폰이 철학자가 아니며, 그의 소크라테스 관련 저술들에 나타난 철학적인 관심사는 상대적으로 부박하기 그지없고, 바로 그런 점에서 만일 소크라테스가 《회상》에서 묘사된 것처럼 따분한 설교자의 모습으로 환원될 때 우리는 그의 어마어마한 철학적 자산을 완전히 잘못 이해할 수 있다는 점을 집요하게 강조하는 데 있다.

이 비판은 19세기 초부터 거의 모든 크세노폰 비판자들에 의해 다루어져왔으며, 우리는 이것을 최근 주석가들의 글에서도 여전히 찾아볼 수 있다.[123] 철학의 영역에서 관심 가치가 있는 유일한 소크라테스는 곧 플라톤의 소크라테스(이하 소크라테스P)라고 생각하는 사람들에게는 바로 이 비판이야말로 크세노폰에 대한 무자비한 단죄의 근거가 된다. 그렇다면 크세노폰의 소크라테스(이하 소크라테스X)는 단박에 제거되어야 할 대상이며, 이제 누구도 감히 공개적으로 그를 추천할 수 없다는 말인가?[124] 하지만 소크라테스X가 철학자로서의 자격이 있는지를 추궁하는 위의 비판은 다음의 몇 가지 논변들을 통해 극복될 수 있다.

첫째, 이런 비판이 정작 19세기 초반까지는 단 한 번도 제기된 적이 없다는 사실은 그 자체로 한번 검토해볼 만하다. 사람들이 크세노폰은 철학자가 아니라는 이유를 들어 그를 비난할 때, 그 비판은 도대체 어떤 철학적 이해를 바탕으로 한 것인가? 분명한 것은 그 비판이 비판적이고 반성적인 행위만을 철학의 본질로 보려는 이해방식에 기대고 있다는 사실이다. 그런

---

123   Brickhouse et Smith, 2000, pp. 38, 42~43 참조.

124   John Burnet, *Greek Philosophy: Thales to Plato*, London, 1914, p. 150 참조. "크세노폰의 소크라테스를 보존한다는 것은 실로 불가능하다. 설령 그것이 보존할 만한 가치가 있다 하더라도 말이다."

데 크세노폰의 소크라테스 관련 저술들은 그다지 비판적이거나 반성적이지 않기에, 사람들은 당연하다는 듯이 그 저술들이 지닌 철학적 관심이 그저 무시해도 될 만한 것들이라고 결론짓는 것이다. 그러나 고대인들이 그랬던 것처럼 철학을 삶의 방식으로 이해한다면,[125] 우리는 사람들이 감히 무슨 권리로 소크라테스^{X}에게서 철학자 자격을 거부할 수 있는지 반문하게 된다. 왜냐하면 그는 자신의 주장과 삶을 조화시키고자 노력했으며(《회상》 I 2, 18; I 3, 1; I 5, 6 참조), 또한 무엇보다도 다른 사람들을 훌륭하게 만들고자 노력했기 때문이다.(《회상》 I 4, 1; I 4, 19; I 5, 1; I 6, 14; I 7, 1; II 1, 1; IV 3, 1~2; IV 3, 18; IV 4, 25; IV 5, 1; IV 8, 7; IV 8, 10~11 참조)

둘째, 소크라테스^{X}가 정말로 철학자가 아니라고, 굳이 철학에 관한 시대착오적인 이해방식에 기대서라도 그렇게 주장한다면, 이번에는 그가 어떻게 고대의 많은 철학자에게—특히 스토아 철학자들에게—커다란 영향을 끼칠 수 있었는지를 설명하기 어려울 것이다. 이에 관해서는 누구보다도 디오게네스 라에르티오스(《생애》 VII 2)와 섹스투스 엠피리쿠스(《수학자들에 반대함》 IX 92~101)의 증언들을 통해 확인할 수 있을 것이다.

셋째, 근대와 현대의 모든 철학자가 슐라이어마허와 그의 아류들이 했던 비판에 찬동했던 것은 결코 아니다. 니체를 예

---

125   P. Hadot, *Qu'est-ce que la philosophie antique?*, Paris, 1995 참조.

로 들어보자. 감히 누구도 그가 철학자라는 사실에 이의를 제기
할 수 없을 텐데, 그는 《회상》에 대해 찬탄의 감정을 조금도 숨
기지 않으면서 "그리스 문학 가운데 가장 매혹적인 작품"이라고
규정한다.[126] "[…] 크세노폰의 《회상》은 진정으로 신뢰할 수 있
는 하나의 상像을 제공하는데, 그것은 엄밀하게 그것의 원래 모
델만큼이나 지적으로 충만해 있다. 하지만 사람들은 이 책을 제
대로 읽을 줄 알아야 한다. 문헌학자들은 내심 소크라테스가 그
들에게 할 얘기라곤 아무것도 없다고 믿으며, 이 책의 독서를 따
분하게 여긴다. 다른 사람들의 경우 그들은 이 책이 여러분을 자
극하는 동시에 행복하게 해줄 것이라고 느낀다."[127]

　　분명히 소크라테스^{X}는 플라톤의 동명이인[소크라테스
^{P}]만큼 도발적이거나 교묘하여 사람을 당혹스럽게 만드는 철학
자는 아니다. 하지만 그는 자기절제에 기초해 검박한 삶을 열망
했던 참된 철학자였다.(이 책 157~158쪽 참조) 이런 식으로 철학
을 이해하는 것이 여러 측면에서 우리에게 낯설게 다가오는 게
사실이다. 하지만 이 낯섦이 우리에게 이것은 철학에 속하지 않
는다고 선언할 권리를 주는 것은 아니다.

　　소크라테스^{X}가 소크라테스^{P}로 환원될 수는 없으며, 그

126　　Fragment posthume[유고 단편] 41[2], 1879, in *Œuvres philosophi-
　　　　ques complètes*, III 2, Paris, 1968, p. 397.

127　　Fragment posthume 18[47], 1876, in *Œuvres philosophiques complètes*, III
　　　　1, Paris, 1968, p. 353.

들의 학설이 서로 양립 불가능하다는 데는 의심의 여지가 없어 보인다. 사실 이에 반대하는 사람들은 그저 피상적인 일치에 만 족하지만,[128] 이는 보다 근본적인 불일치를 은폐할 뿐이다. 더욱 이 그들은 사람들이 이 두 철학자로부터 발견해낸 수많은 차이 점에 대한 설명을 등한시한다. 아직까지도 소크라테스^{X}가 지닌 특수성을 의심하는 사람들을 위해, 두 소크라테스의 주된 차이 점들을 일부나마 다뤄보도록 하자.[129]

○ 소크라테스^{X}는 도덕과 관련된 주제에 관해 단 한 번도 자신의 무지를 주장한 적이 없다. 아울러 그는 덕을 규정할 수 있는 역량을 갖고 있었다.(《회상》 I 1, 16; III 9; IV 6 참조) 반면에 소크라테스^{P}는 가장 중요한 주제들과 관련해 스스 로 무지함을 자처하는 한편, 덕을 규정하려 하지만 항상 헛 된 시도에 그치곤 했다. 그래서 소크라테스^{P}는 언제나 다시 물음을 던지며 탐구에 빠져드는 반면, 소크라테스^{X}는 제기 된 문제에 대해 어떤 답이나 해결책을 구하러 다닌다는 인 상을 주지 않는다.

○ 소크라테스^{X}는 자신이 교육의 전문가이며 가르침을 준

---

128   예컨대 장 루초니의 경우가 이에 해당된다. Jean Luccioni, *Xénophon et le Socratisme*[크세노폰과 소크라테스주의], Paris, 1953, pp. 48~56.

129   이 차이들 각각은 하나하나 심도 깊은 분석의 가치가 있는 것들이다. 하지만 여기서는 이것들에 관해 순수하게 정보 제공의 수준으로만 언 급하고자 한다.

다는 점을 공공연하게 인정한다.(《회상》 I 6, 13~14; IV 2, 40; IV 3, 1; IV 7, 1, 그리고 《변명》 20 참조) 이와는 반대로 소크라테스ᴾ는 자기가 그 누구의 스승도 아니라고 주장하며,(《변명》 19d 및 33a 참조) 오히려 종종 자신을 대화 상대자의 제자라고 소개하곤 한다.(이 책 68~69쪽 참조)

○ 소크라테스ˣ는 자신이 정치에 참여하지 않는다고 생각한다. 그러나 그는 젊은이들에게 정치에 관한 교육을 시키고 있음을 솔직하게 인정한다.(《회상》 I 2, 17~18; I 6, 15; IV 3, 1 참조) 반면에 소크라테스ᴾ는 자기가 그와 같은 교육을 제공한다는 것을 결코 인정하지 않는다. 다만 그는 자신이 동포 시민들을 훌륭하게 만드는 데 전념하는 유일한 사람이라고 생각하며, 그런 의미에서 자기야말로 정치를 할 만한 유일한 사람이라고 주장한다.[130](《고르기아스》 521d 참조)

○ 소크라테스ˣ는 소크라테스ᴾ에 비해 소피스트들에 대해 훨씬 덜 적대적인 태도를 보인다. 소크라테스ˣ는 플라톤이 소피스트들에 대해 했던 주장들을 지지한다. 예컨대 프로타고라스처럼(《프로타고라스》 319a; 《국가》 X 600c~d 참조), 소크라테스ˣ는 정치적인 능력을 가르칠 수 있다고 주장하

---

[130]   L.-A. Drion, "Socrate et la politique : les raisons de son abstention selon Platon et Xenophon", in Dorion, 2013, pp. 171~193.

는데, 그에게 정치적인 능력이란 가정과 도시를 잘 운영하는 것(《회상》 I 2, 64; III 6, 14; IV, 1, 2 참조)과 잘 말하고 행동하는 것에 다름 아니다(《회상》 I 2, 15; IV 3, 1 참조). 프로타고라스의 사례와 관련해(《프로타고라스》 334a~c 참조), 소크라테스^{X}는 좋음에 대한 상대주의적인 관점을 옹호한다. 즉 어떤 것에 대해 좋은 것은 다른 것에 대해 나쁠 수 있으니, 결국 좋음의 규정은 한 사물과 그것의 사용이라는 관계로부터 온전히 자유로울 수 없다는 것이다.(《회상》 III 8, 6; IV 6, 8~9 참조)

○ 소크라테스^{X}가 보기에 정치학은 여타 기술들과 다르지 않다.(특히 《회상》 III 6~7 참조) 다시 말해 그것은 명성을 떨치는 스승 밑에서 배워 얻을 수 있는 기술적 능력에 불과하다.(《회상》 IV 2, 2~7 참조) 반면 소크라테스^{P}에게 정치학은 건축술적인 성격을 갖는 일종의 도덕지식이다. 좋음과 나쁨에 대한 앎이 그 지식에 해당되는데, 이 지식은 다른 기술들이 도시의 좋음을 구현하기 위해 추구하는 목적들을 정해준다는 점에서 다른 기술들보다 앞에 있다.(《카르미데스》 174b~c 참조)

○ 소크라테스^{X}는 경제 일반, 특히 물질적 풍요의 조건에 커다란 중요성을 부여한다.(《회상》 II 7; III 2; III 4, 6~12 참

조) 소크라테스^{X}에게 있어 "좋은 시민의 임무*ergon agathou politou*"(《회상》 IV 6, 14)는 도시를 풍요롭게 만들어주는 것이다.(III 6 및 III 7, 2도 참조하라) 이에 반해 소크라테스^{P}는 이 문제에 전적으로 무관심하다.(이 책 153~54쪽 참조) 소크라테스^{P}가 생각하기에 좋은 시민의 유일한 임무(*monon ergon agathou politou*, 《고르기아스》 517b~c)는 자신의 동포 시민들을 훌륭하게 만들어주는 것, 요컨대 도덕적으로 만들어주는 것이다.

○ 소크라테스^{P}는 당시 아테네의 위대했던 정치 지도자들, 특히 페리클레스와 테미스토클레스에 대해 매우 비판적인 태도를 취했다.(《고르기아스》 503c~d, 517b~c 참조) 이와 반대로 소크라테스^{X}는 그들에 대해 가장 큰 경의를 표한다.(《회상》 II 6, 13;《향연》 VIII 39 참조)

○ 명예와 명성에 무척 민감했던 소크라테스^{X}는 명예를 열망하는 사람들을 격려해 마지않는다.(《회상》 I 7, 1; III 3, 13~14; III 7, 1 등 참조) 반면에 소크라테스^{P}에게 있어서 명예의 추구는 낯선 일이었으며, 오히려 이런 종류의 야망을 포기하라고 권하는 편이다.(《고르기아스》 526d;《국가》 I 347b;《파이돈》 82c 참조)

○ 소크라테스^P의 전매특허라 할 수 있는 특수한 종류의 반어법을 소크라테스^X는 일체 사용하지 않는다. 사실 소크라테스^P의 반어법이 무지의 선언과 밀접하게 관련되어 있음을 감안한다면(이 책 68~69쪽 참조), 무지를 선언하지 않았던 소크라테스^X가 "반어적인" 모습을 보이지 않았다는 점은 조금도 놀랄 일이 아니다.

○ 소크라테스^X가 보기에 자신을 안다는 것은 자기의 고유한 "뒤나미스*dunamis*", 다시 말해 기술적인 영역에서 자신의 역량이 어디까지 펼쳐지고 또 그 한계는 어디까지인지를 자각하는 일이다.(《회상》 I 7, 4; III 7; IV 2, 25~29 참조) 소크라테스^P와 같이 "자신"이 곧 혼임을 자각하거나, 그럼으로써 신체적으로나 외적으로 좋은 것들보다는 혼에 좋은 것들을 위해 살아야 함을 자각하는 것이 아니다.[131](이와 관련해서는 플라톤의 《알키비아데스》 129b~133d 참조)

○ 소크라테스^X는 덕이 "훈련*askêsis*"의 결실이라고 생각한다.(《회상》 I 2, 19~23; II 1, 20; II 1, 28; II 6, 39; III 3, 6; III 5, 14; III 9, 1~3 참조) 또 그는 우리가 연습을 그치면 곧 이것을 상실하게 될 것이라고 생각한다.(《회상》 I 2, 19~24; III 5, 13 참

---

131   L.-A. Dorion, "Qu'est-ce que vivre en accord avec sa *dunamis*?", in Dorion, 2013, pp. 247~274 참조.

조) 반면 덕과 일종의 앎을 동일시하는 소크라테스^{P}는(이 책 110쪽) 덕을 상실할 수도 있다고 인정했던 것 같지는 않다.

○ 소크라테스^{X}는 훈련을 통해 주요 덕들을 획득하고자 하는 사람들이 모방하도록 제공된 일종의 모델이다.(《회상》I 2, 3; I 2, 17~18; IV 2, 40 참조) 반면에 소크라테스^{P}의 경우, 그런 의미에서의 모델이라고는 할 수 없다. 덕은 그 자체가 지식으로서 모방을 통해 획득할 수 있는 것이 아니기 때문이다. 그러나 소크라테스^P 역시 사람들이 그의 사례를 통해 자기들의 허위의식을 깨닫게 된다는 점에서 일종의 모델이 된다고 할 수 있다.(《변명》23a~b 참조)

○ 신체적인 힘이 덕의 획득과 훈련에 필수 불가결한 것인 한, 소크라테스^{X}는 신체를 돌보는 일에도 커다란 중요성을 부여하며(《회상》I 2, 4; III 12 참조), 소크라테스^{P}와는 반대로 혼을 돌보는 일(《변명》29e;《알키비아데스》132c;《카르미데스》156d~157c;《파이돈》107c 참조)에는 별다른 관심을 보이지 않는다.

○ 소크라테스^X(《회상》IV 4 참조)와 소크라테스^P(《크리톤》 참조)는 모두 우리가 도시의 법에 복종해야 한다고 주장한다. 하지만 법에의 복종을 정당화하기 위해 내세우는 방식

은 크게 다르다. 소크라테스^{X}는 무엇보다 개인에게 있어서
나 도시에 있어서 법에 복종하는 데서 발생하는 유익함을
강조한다.(《회상》 IV 4, 15~17 참조) 반면에 소크라테스^{P}는
자신이 법에 복종해왔음을 상기시키는 한편(《크리톤》 50c,
51e, 52a 참조), 법에 복종하지 않는 것은 결과적으로 복종
하지 않는 자에게 해를 끼칠 뿐만 아니라(《크리톤》 53a~54a,
54c 참조) 법과 도시를 파괴하기에 이른다고 주장한다.(《크
리톤》 50b, 50d, 51a, 52c 참조)

○ 소크라테스^{X}는 전통에 동의해 인간의 덕이란 친구를 이
롭게 하고 적을 해롭게 하는 것으로 되어 있다고 생각한
다.(《회상》 II 1, 28; II 2, 2; II 3, 14; II 6, 35; IV 2, 15~17 참조) 이
와 반대로 소크라테스^{P}는 절대로 타인에게 해를 끼쳐서는
안 되며, 심지어 남이 나에게 해를 끼치더라도 보복해서는
안 된다고 주장한다.(이 책 110쪽 참조)

○ 소크라테스^{X}는 전쟁에서 패배한 도시들을 복속시키는
것이 정당하다고 보는 반면(《회상》 IV, 2, 15), 소크라테스^{P}는
그러한 행위에 반대하며 그 속에서 부정의를 보게 될 것이
라고 전망한다.(《국가》 V, 469b~c, 471a 참조)

○ 소크라테스^{X}는 "엘렝코스"에 의지하는 일이 거의 없으

며, 동료들을 훌륭하게 만들기 위해 다른 유형의 담론을 사용한다.[132] 반면에 소크라테스^{P}는 청년기 대화편에서 대부분의 대화자들을 "엘렝코스"의 대상으로 놓는다.

○ 소크라테스^{P}는 그의 대화 상대자들을 당혹케 하고 혼란스러운 상태로 만드는, 이른바 "해괴한 성격*atopia*"[133], (이 책 126쪽 주116 참조)으로 잘 알려져 있다. 반면에 소크라테스^{X}는 예측 불가능하게 구는 경우가 극히 드물며, 에우튀데모스와 나눈 첫 번째 대화(《회상》 IV 2 참조)를 제외하고는 자신의 대화자들을 결코 당혹감에 빠뜨리지 않는다.

○ 소크라테스^{P}는 종종 자신이 문제의 해결책을 찾는 데 이르지 못했으며 "어려움*aporia*"에 빠졌음을 인정하곤 한다. 반면에 소크라테스^{X}는 언제나 모든 문제에 대한 답변을 갖고 있기에, 결코 어려움에 봉착하거나 하지 않는다.

○ 소크라테스^{P}는 자신이 델피의 신에게 임무를 부여받았으며, 이 임무란 바로 철학하며 사는 것이라고 철석같이 믿고 있다.(이 책 101쪽 참조) 소크라테스^{X}는 이런 성격의 임무

---

132   《회상》 I 4, 1 및 Dorion, 2000, pp. CXXVI~CXLIV의 주석 참조.

133   《대히피아스》 297d. 298c, 304c; 《라케스》200e; 《에우튀데모스》301a
        참조.

를 인정한 적이 없을뿐더러, 자기 자신과 타인에 대한 탐구로 이해되는 철학의 수행 속에서 경건을 실천하거나 신에 대한 봉사에 참여한다고는 생각하지 않는다.(이 책 101~103쪽 참조) 오히려 경건함에 대한 그의 생각은 대체로 전통적 경건관에 부합한다고 할 수 있다.(《회상》 I 3, 1; IV 3, 16; IV 6, 2~4 참조)

○ 소크라테스^{X}는 "영적인 신호*daimonion sēmeion*"가 주는 충고의 도움을 받는데, 이 신호는 그와 그의 친구들의 이익을 위해 그가 해야 할 일과 피해야 할 일을 알려준다.(《회상》 I 1, 2~5; I 4, 15; IV 3, 12; IV 8, 1;《변론》 12~13 참조) 소크라테스^{P}에게 있어 영적인 신호는 결코 그의 친구들을 위해 개입하지 않는다. 또한 그것은 소크라테스^{P}에게 해야 할 일을 일러주지도 않는다. 그것은 오직 소크라테스^{P}가 어떤 일을 하려 할 때 그것을 막기 위해서만 개입한다.(《변명》 31d, 40a;《에우튀데모스》 272e;《파이드로스》 242b~c 참조) 소크라테스^{X}가 영적인 신호 안에서 다른 사람들이 겪는 것과 같은 그런 영적 체험의 방식을 보는 반면(《회상》 I 1, 2~5; I 4, 15; IV 3, 12;《변명》 12~13 참조), 소크라테스^{P}는 비록 영적 체험의 어떤 특수한 형태를 보기는 하지만, 그렇다고 이것을 여타의 영적 체험 과정들과 단순하게 동일시하지는 않는다.[134](《변

---

134   L.-A. Dorion, "Socrate, le daimonion et la *divination*", in Dorion, 2013, pp. 275~300.

론》40a; 《파이드로스》 242c 참조)

○ 소크라테스^{X}는 신들이 인간에게 해를 끼칠 수 있다는 점을 인정하는 반면(《회상》 I 4, 16 참조), 소크라테스^{P}는 신들이 악의 원인이 될 수 있다고는 결코 생각하지 않는다.(《국가》 II 379b 참조)

○ 소크라테스^{X}는 기하학을 그 자체로 탐구하는 것에 찬성하지 않는다.(《회상》 IV 7, 2~3 참조) 반면에 소크라테스^{P}는 기하학을 그 자체로 탐구하는 것에 딱 하나의 유용성을 인정하는데(《국가》 VII 527a~b), 그것은 "좋음의 이데아를 한결 더 쉽게 볼 수 있도록" 기여한다는 점이다.(《국가》 VII 526e) 또한 소크라테스^{X}는 천문학을 전문적으로 탐구할 필요가 없다고 보는 반면(《회상》 IV 7, 4~5), 소크라테스^{P}는 천문학에 대한 전문석인 탐구의 유익함을 인정한다. 오히려 소크라테스^{P}는 소크라테스^{X}처럼 천문학의 지엽적인 지식에서 얻는 실용적인 이익만을 인정하는 경향에 대해 경멸적인 태도를 보인다.(《국가》 VII 527d~528a 참조)

○ 소크라테스^{X}는 유무죄 여부를 결정하는 재판에서 패한 뒤에 형량을 제안하는 연설을 단호하게 거부한다.(《변론》 23 참조) 반면에 소크라테스^{P}는 유죄판결을 받은 뒤에 형량

을 제안하는 두 번째 연설을 한다.(《변명》 36e~37b)

　　하지만 이 두 소크라테스 간의 가장 중요한 차이는 크세노폰이 《회상》 I권 2장의 초입에서 제시했던 소크라테스가 지닌 세 가지 특징과 관련된다. 크세노폰은 소크라테스가 젊은이들을 타락시켰다는 고발에 맞서 다음과 같은 내용으로 그를 옹호하고 나선다. "내가 보기에는 소크라테스가 젊은이들을 타락시켰다는 주장에 사람들이 설득될 수 있다는 게 그저 놀라울 뿐이다. 앞서 이야기한 것들에 덧붙여, 그는 무엇보다 성욕이나 식욕과 관련해 모든 사람 가운데 자기 절제가 가장 탁월했다*pantôn anthrôpôn enkratestatos*. 아울러 그는 혹한과 혹서 그리고 그 밖의 모든 고통 앞에서 인내력이 가장 강했다*karterikôtatos*. 그뿐만 아니라 그는 최소한의 것만을 필요로 하는 데 무척 익숙해져 있었기에, 극히 소량만을 갖고서도 아주 쉽게 충족 상태를 유지할 수 있었다*arkounta*."

　　이 대목에서 제시되는 소크라테스^X의 세 가지 장점은 각각 "엥크라테이아"(신체적 쾌락에 맞서는 극기[혹은 절제]), "카르테리아"(신체적 고통에 맞서는 인내[혹은 단호함]) 그리고 "아우타르케이아"(자족성)이다. 이는 《회상》의 전편에 걸쳐 자주 언급되는데,[135] 이러한 강조는 크세노폰의 저술들에 나타난 소크라테

135　《회상》 I 2, 14; I 2, 60; I 3, 5~14; I 5, 1; I 5, 6; I 6, 6~10; II 1; III 14; IV 5, 9; IV 7, 1; IV 8, 11 참조. 《변론》 16 및 《향연》 IV 43 참조.

스 윤리학의 핵심 내지는 고갱이를 이룬다는 점에서 쉽게 이해
될 수 있다. 이를 확인하기 위해서는 소크라테스ˣ가 "엥크라테
이아"를 "덕의 토대"(I 5, 4), 즉 덕의 획득과 훈련의 조건(I 5, 5)이
라고 단언한 사실을 떠올리는 것으로 충분하다. 요컨대 혼이 덕
을 완전하게 소유하게 되었을 때, 또한 자기들을 만족시켜달라
며 혼을 압박하는 쾌락들을 지배하게 되었을 때(I 2, 23), 오직 그
때에만 비로소 덕을 갖출 수 있는 모든 조건이 구비되는 것이다.
덕의 획득은 노력과 열심과 탐구를 전제하며(III 9, 2~3), 또한 신
체적 쾌락의 노예가 된 사람은 이 금욕주의적인 배움으로부터
어떠한 쾌락도 얻어내지 못하기에, "엥크라테이아"는 분명 덕의
획득을 위한 선결 조건인 것처럼 보인다.

　　"엥크라테이아"에 부여된 역할은 소크라테스ˣ 윤리
학의 고유한 특징이다. 우리가 이미 보았듯이 소크라테스ᴾ는
《국가》보다 앞선 대화편들에서 "엥크라테이아"를 등한히 여겼
다.[136](이 책 122~123쪽 참조) 반면 소크라테스ˣ의 윤리학에 전개
된 "엥크라테이아"와 관련해 그것이 수행하는 역할의 중요성
에 대해서는 아무리 높게 평가해도 과하지 않다. 왜냐하면 그것
은 곧 덕의 토대이자 모든 유용성의 원천과 다르지 않기 때문이
다. 한편 크세노폰이 유용성에 대해—그것이 어떤 형태를 띠건

136　　　　L.-A. Dorion, "Plato and *enkrateia*", in P. Destrée et C. Bobonich (éd.),
　　　　　　Akrasia in Greek philosophy, from Socrates to Plotinus, Leiden, 2007, pp.
　　　　　　119~138.

간에―얼마만큼 중요성을 부여했는지를 알아보기 위해서는 소크라테스가 도시에 해를 끼쳤으며 주변의 젊은이들을 속였다고 비난하는 사람들을 논박하기 위해, 소크라테스가 어떤 점에서 자신과 교류하던 사람들에게 유용한 사람이었는지를 그가 보여주려 했음을 환기해보는 것으로 충분하다.

이것은 크세노폰이《회상》에서 추구한 목적이기도 하다. 즉 "자기 자신을 있는 그대로 드러냈던 행동에 있어서 뿐만 아니라 대화에 있어서도 그가 어떻게 동료들에게 유익한 사람으로서 나타나는지, 나는 그것들에 관해 내가 기억할 수 있는 한 모든 것을 기록하고자 한다."[137] "엥크라테이아"로부터 도출되는 유용성의 다양한 모습을 구체적으로 생각해보기 위해, 그것이 가능하게 만드는 모든 것에 관한 목록을 작성해보자.

○ "엥크라테이아"는 권력을 행사하고 책임자의 자리에 있는 모든 사람에게 필수 불가결한 것이다.(《회상》I 5, 1; II 1, 1~7 참조) 그저 지하 창고를 책임지는 노예든 도시의 안녕을 감시하는 지도자든 간에, 권력을 행사하는 자는 절대적으로 자기 자신을 다스려야 한다. 사실상 소크라테스는 극기야말로 타인을 다스리는 선결 조건이라고 확신했다. 사

---

137 《회상》I 3, 1. 소크라테스가 지닌 유용성이야말로 작품에서 일관되게 반복되고 있는 동기라 할 수 있다. (앞의 139쪽에 언급된 부분 외에도 《회상》I 1, 4; I 2, 2; I 2, 60~61; I 7, 5; II 4, 1; II 5, 1; II 6, 1; II 7, 1; III 1, 1; III 6, 1; III 8, 1; III 10, 1; IV 1, 1; IV 4, 1; IV 7, 1;《변론》26 및 34 참조)

람들을 다스리기 지망하는 사람은 모든 것을 감수하고서라
도 쾌락의 유혹에 저항할 역량을 갖춰야 한다. 만일 그렇지
않다면 쾌락과의 약속이 그의 판단을 흐리게 할 수도 있으
며, 그 자신이나 그가 책임져야 할 사람들에게 자칫 해로운
결정을 내리도록 그를 몰아갈 수도 있기 때문이다.

○ "엥크라테이아"는 자유의 조건이다. 이것이 덕의 획득에
필수 불가결한 것인 한, 아울러 정치적 혹은 경제적인 이유
로 노예 상태가 된 사람들 또한 "엥크라테이아"와 덕에 도
달할 수 있는 한, 노예 상태에 빠진 사람들 중에서도 최악은
자신의 정념에 굴종하고 쾌락에 지배당하는 사람이라 할
것이다. 왜냐하면 그와 같은 사람은 좋음과 덕을 추구하는
데 필수적인 자유를 더 이상 누릴 수 없기 때문이다.(《회상》
I 5, 5; IV 5, 2~6;《경영론》I 17~23;《변명》16 참조)

○ "엥크라테이아"는 올바름의 조건이기도 하다. "엥크라테
이아"가 결여된 사람은 항상 돈을 필요로 하며, 자신의 욕정
을 채워줄 수단을 찾는 데 끊임없이 몰두한다. 그로부터 자
신의 일시적인 탐욕을 채우기 위해 타인의 부를 범하려는
기도가 생겨날 수 있는 것이다.《변명》(16)에서 소크라테스
는 자신의 올바름과 욕망의 자기 절제 사이에 긴밀한 관계
가 있음을 분명하게 밝히고 있다. 뒤집어 보면 참주가 올바

르지 못한 이유도 엄밀히 말해 "엥크라테이아"의 결핍 때문이다. 이 결여로 말미암아 그는 타인의 재산을 탐내고 자기 것으로 삼으려 한다.(《회상》 IV 2, 38, 《향연》 IV 35~36, IV 42) 크세노폰은 소크라테스가 젊은이들을 타락시켰다는 고발을 논파하기 위해서도 그의 "엥크라테이아"를 원용한다.(《회상》 I 2, 1~8) 소크라테스가 "엥크라테이아"의 모델이고, "엥크라테이아"가 올바름을 포함해 모든 덕의 토대가 되는데, 어떻게 그가 그들을 속일 수 있었겠는가?

○ "엥크라테이아"는 친애의 필수조건이다.(《회상》 II 6, 1) 친애란 타인에게 유익한 만큼이나 자기 자신에게도 유익한 것인데, "엥크라테이아"를 결여한 사람은 타인과 진정한 친애로 엮일 수 없다. 왜냐하면 그는 타인을 그저 하나의 수단, 즉 자신의 쾌락을 획득하고 욕망을 충족시키는 데 필요한 도구로 취급할 뿐이기 때문이다. "엥크라테이아"와 친애의 관계는 소크라테스와 아리스티포스 간의 대화 속에 암묵적으로 나타나는데(《회상》 II 1~20), 이들의 대화는 바로 친애를 둘러싼 일련의 긴 토론의 도입부(II 1, 1~10)로 기능한다. 그런데 놀랍게도 우리는 거기서 대화 상대자인 아리스티포스뿐만 아니라 헤라클레스의 갈림길 에피소드에 등장하는 악의 화신(II 1, 21~34) 역시 "엥크라테이아"를 결여하고 있으며, 바로 그 이유 때문에 그들은 각자의 공동체로

부터도 배제됨을 확인할 수 있다.[138] 진정한 친애는 덕을 갖춘 사람들, 더 나아가 자기를 다스리는 사람들 사이에서만 가능한 것이다. 아울러 "엥크라테이아"는 친애의 주요 의무, 즉 빈곤한 친구에게 필요한 것을 제공할 의무를 다할 수 있게 해주는 것이기도 하다. "자기를 다스리는*enkratês*" 사람은 극히 제한적인 것들만을 필요로 하며 소량만으로 만족할 줄 알기에, 어려움에 처한 친구에게 기꺼이 필요한 것을 마련해줄 수 있는 것이다. 반대로 자기를 다스리지 못하는 사람은 빈곤에 처한 친구를 구해줄 수 없을 뿐만 아니라 필요할 때 도와주러 오는 참된 친구들에게 의지할 수도 없다.(《경영론》 II 8; 《회상》 II 1, 31 참조)

○ "엥크라테이아"는 부유함과 번영의 조건이기도 하다. 만일 사람들이 자신의 욕망을 다스리지 못하고 필요하다고 여기는 것들, 특히 신체적인 쾌락의 충족을 위해 요구되는 것들의 한계를 잘 통제하지 못한다면 이 욕망들을 충족시키기 위해 돈을 탕진할 수밖에 없을 것이다.(《회상》 I 2, 22; I 3, 11; 《경영론》 II 7 참조) 더욱이 "자기를 다스리지 못하는 자*akratês*"는 쾌락에 탐닉한 나머지, 정작 돈을 모으는 일에 집중할 수도 없고 늘 재물이 부족하다고 느낄 것이다. 욕망이 그에게 일말의 휴식도 허용하지 않기에, 그는 항상 이를 충

---

138   《회상》 II 1, 13(아리스티포스) 및 II 1, 31(악의 화신) 참조.

족시켜야 하기 때문이다. 소크라테스가 가정경제에 무관심하다는 의견이 널리 퍼진 것은 플라톤이 쓴 《변명》에서 유래한 것임에 틀림없다. 거기서 소크라테스는 자신이 가난하며(23b~c, 31c, 36d), 가정관리를 비롯해 사적인 일들을 등한시해왔다고(31b, 36b) 공공연하게 주장한다. 이 두 가지 점과 관련해 소크라테스^{X}는 이란성쌍둥이인 소크라테스^{P}와 명확하게 구별된다. 왜냐하면 소크라테스^{X}는 가난하지도 않았을뿐더러, 아무리 사소한 것일지라도 자신이 "가정을 경영하는 일*oikonomia*"에 소홀함을 결코 인정하지 않았기 때문이다. 크세노폰이 여러 번 제시했던 빈부의 관점에서 보면 소크라테스는 결코 가난하지 않다. 왜냐하면 그는 필요로 하는 것 이상을 소유하고 있기 때문이다. 《경영론》에서 소크라테스는 자신을 가난하다고 취급한 사람들에 맞서 격렬하게 반발한다.(XI 3) 그는 이런 취급이야말로 사람들이 그에게 쏟은 비난들 가운데 가장 정신 나간 짓이라고 항의한다. 부유함이란 필요한 것들을 초과해서 소유한 상태와 다르지 않기 때문에, 우리가 소유한 것이 아무리 적을지라도 그것이 우리의 필요에 충분하기만 하다면 부자라 하기에 아무 문제도 없는 것이다.(《경영론》 II 2~10; 《회상》 IV 2, 37~39, 《향연》 IV 34~45 참조) 부유함과 가난함은 우리가 이용할 수 있는 돈의 총액에 달린 게 아니라, 필요한 정도에 달린 것이다. 가난한 사람이란 갖고 있는 게 아무리 대단하다 하더라도 필요가 소유를 압도한 사람을 말하는 반면(《경영론》II 3~4 참조), 부자란 가진 게 아무리 소박해도 소유가 필요를 광범위하게 충족시키는 사람을 뜻하는데, 소크라테스의 경우가 바로 이에 해당된다 할 수 있다.(《회상》I 2, 1; I 3, 5; IV 2, 38~39 참조) 플라톤과 달리 크세노폰은 소크라테스가 사적인 일들을 등한시했다고 주장할 수 없다. 그런 주장은 동시에 미래의 젊은 정치가들을 교육하는 소크라테스의 능력을 의심할 수 있음을 의미한다. 소크라테스ˣ가 "가정oikos"을 잘 경영하는 소질과 "도시polis"를 잘 관리하는 능력 간에는 긴밀한 관계가 있다고 생각하는 한, 또한 전자야말로 후자의 선결 조건이라고 생각하는 한,[139] 더군다나 자신이 미래의 젊은 정치가들을 교육시킨다고 자부하는 한(이 책 139쪽 참조), 그는 원칙적으로 가정경제에 관해 그의 젊은 동료들을 교육시킬 역량을 갖추고 있어야 한다. 그는 《회상》(II 7)에서 자신의 경제적 능력을 입증하기도 한다.

○ 무척 의외의 방식이긴 하지만 "엥크라테이아"는 변증술 훈련의 조건이 되기도 한다. 소크라테스ˣ가 "변증술"이라는 말을 할 때, 그것은 "'유에 따라kata gené' '사물을 선별하면서dialegontas' 공동으로 숙의함"을 뜻한다.(《회상》IV 5, 12) 반

---

139   《회상》I 1, 7; III 4, 6~12; III 6, 13~15; IV 1, 2; IV 2, 11; IV 5, 10 참조.

대로 주장하는 사람들도 종종 있긴 하지만 사실 여기서 문제 삼는 변증술은 플라톤이 《소피스트》와 《정치가》에서 제시한 나눔의 기술, 즉 하나의 유類를 정의에 도달할 목적으로 계속 나누어가는 기술과는 아무런 공통점이 없다. 오히려 여기서 관건이 되는 것은 어떤 개념이나 행동을 좋음과 나쁨이라는 두 개의 커다란 범주 안에 포섭시키는 데 필요한 소질이다. 그런네 말이나 행동의 질서 속에서 좋음과 나쁨을 구별할 수 있는 능력은 자기를 다스릴 줄 아는 사람들의 배타적인 특권이다. 왜냐하면 그들의 경우 쾌락의 유혹과 욕망의 힘에 굴복해, 사실은 나쁜 것을 좋은 것인 양 선택하지 않을까 하고 걱정할 일이 없기 때문이다. "오직 자기를 다스리는 사람들만이 사물들 가운데 가장 좋은 것들을 검토할 수 있다네. 말과 행동에 있어서, 그것들을 '유에 따라 선별하는 가운데 *dialegontas kata genê*' 그들은 좋은 것들을 선택하고 나쁜 것들을 삼가는 것이지."(《회상》 IV 5, 11)

비록 "엥크라테이아"가 소크라테스[X]의 윤리학에서 위와 같은 중요성을 띤다고는 해도, 이것이 그 자체로 목적인 것은 아니다. "엥크라테이아"는 분명 필수 불가결한 것이긴 하지만 다른 목적이 있기 때문이다. 반면에 "아우타르케이아(자족성)"야말로 그 자체로서 추구되는 상태라 할 수 있다. "엥크라테이아"는 자족적인 상태를 준비하고, 또 그에 대한 접근을 용이하게 한다는 점에서 아우타르케이아에 복무한다. 우리는 세 가지의 소크라테스적 요소가 서로 동급의 가치로 자리하지 않고, 일종의 위계를 형성함을 볼 수 있다. 즉 앞서《회상》(I 2, 1)에 나온 두 요소가 세 번째 것("아우타르케이아")의 실현을 위해 협력하는 것이다. 사실 "엥크라테이아"와 "카르테리아"가 "아우타르케이아"에 종속된다는 것이 위의 대목에서(《회상》I 2, 1) 명시적으로 언급되지는 않는다. 하지만 이것은 그 뒤에, 즉 소크라테스와 안티폰의 대화에서 명확하게 드러난다.(I 6)

        우선 대화의 맥락을 살펴보자. 안티폰은 소크라테스가 궁핍한 상태를 영위하고 있다며 그를 탓한다. 그가 먹는 음식은 고급스럽지 않고 늘 똑같은 옷, 그것도 조악하기 짝이 없는 옷을 걸치며 맨발로 다닐 뿐만 아니라, 마음에 드는 것을 마련하기 위한 최소한의 돈마저도 수중에 갖고 있지 않기 때문이다. 요컨대 안티폰에 따르면, 철학이 행복의 학교가 되어야 함에도 소크라테스는 그저 불행의 스승에 불과하다는 것이다. 그러나 소크라테스가 그리 돈이 없고, 또 그럼에도 제자들에게 보수를 요구하지도 않는 이유는 안티폰이 악의적으로 암시하는 것처럼, 그의 지식과 지혜가 무가치하기 때문이 아니다. 다만 그가 자신이 선택한 대화 상대자들과 [보수에 구애됨 없이] 자유로운 토론을 이어나가기를 원하기 때문이다.

        다른 대목들도 마찬가지로 보여주듯(《회상》I 2, 1~7; I 5, 1~6;《변명》16 참조), 소크라테스의 돈에 대한 무관심은 그가 지닌 완벽한 "엥크라테이아"의 결과이기도 하다. 돈이란 무엇보다 욕망이 요구하는 재화를 마련하는 데 사용되는 것이라 할 때 소크라테스가 그 욕망들을 완벽하게 다스릴 수 있는 한, 그는 말하자면 돈이 필요 없는 사람인 것이다.

그가 먹는 음식의 소박함 역시 그가 쾌락을 포기했음을 의미하는 것이 아니다. 왜냐하면 먹고 마시는 데 있어서 진정한 즐거움은 고급스럽고 호사스러운 요리들이 만들어내는 이른바 인위적인 즐거움이 아니라, 배고픔과 목마름이 완화되면서 자연스럽게 흘러나오는 즐거움이기 때문이다. 따라서 아주 소박한 음식이라도 이러한 즐거움을 "음미하기"에는 충분하다.

옷에 관해서도 사정은 마찬가지다. 소크라테스가 단벌에다 맨발로 다닌 것은 그가 가난해서가 아니다. 그의 차림새가 그렇게 수수한 것은 그가 그것을 선택했기 때문이다. 그는 더위나 추위 그리고 맨발로 걷는 길이 주는 고통을 견딜 만큼 자신의 신체를 아주 잘 단련했기 때문에, 굳이 발을 보호할 신발도 필요 없었으며 여름이나 겨울이나 그저 옷 한 벌이면 충분했던 것이다. 자족 상태란 아무것도 필요 없음을 뜻하는 게 아니라—그것은 오히려 신들의 특권에 속하는 것이다—자기 스스로 필요한 것들을 조달할 수 있는 능력을 뜻한다.

이제 우리는 어떻게 또 어떤 조건하에서 "엥크라테이아"와 "카르테리아"가 "아우타르케이아"의 실현을 도와주는지 좀 더 잘 이해하게 되었다. 아쉬운 게 많은 사람은 필요한 것들

159 크세노폰의
소크라테스

이 많은 만큼 그것들을 충족시키고 이상적인 자족 상태에 도달하는 데 어려움을 겪을 것이다. "엥크라테이아"의 기능은 구체적으로 말해 몸이 필요로 하는 것들(배고픔, 목마름, 성욕과 수면욕)—이것들은 사람을 놔주지 않고 계속 보챈다—을 억제하고 다스리는 데 있다.

이와 비슷한 방식으로 "카르테리아"가 겨냥하는 것은 신체를 굳건하게 만들고 저항력을 기름으로써 의복과 생필품 같은 소비재들의 필요를 엄격하게 최소화하는 일이다. "카르테리아"와 "엥크라테이아"를 기르는 훈련이 필수적이라 한다면, 그것은 다음 대목에서도 명백하게 드러나듯(《회상》I 6, 4~10) 소크라테스의 논변이 향하는 정점이자 목적인 자족 상태에 도달해야 하기 때문에 그런 것이다.

> 내가 보기에, 안티폰 당신은 행복이 향락과 과소비로 이루어져 있다고 믿는 듯하오. 나로서는 아무것도 필요치 않음은 그야말로 신적인 것이요, 최소한의 것만을 필요로 함은 신에 가장 가까운 것이라 생각하오. 신적인 것이야말로 완벽한 이상, 그것에 가장 가까이 다가간다 함은 마찬가지로 완벽함에 가까워지는 것이겠지요.(I 6, 10)

"엥크라테이아"와 "카르테리아"에 대해 "아우타르케이아"가 갖는 우선권은 이 세 가지 "덕목들" 가운데 오직 "아우타르케이아"만이 신적 속성이라는 사실에 의해서도 확인된다. 사람과는 반대로 신은 어떠한 필요도 느끼지 못하기 때문에 단적으로 자족적인 셈이다. 따라서 자신의 필요를 통제하기 위해 "엥크라테이아"를 훈련할 필요도 없고, 극한의 환경에 노출될 일도 없기에 이를 견디기 위해 "카르테리아"를 실천할 필요도 없는 것이다. 우리는 자족 상태에 대한 열망을 좀 더 넓은 관점에서, 즉 신과 닮아가려는 것으로 이해해야 한다. 사람들이 열망하는 행복을 신은 자족적이고 동시에 행복한 존재로서 그것의 한 모델을 제시하기에, 철학자들은 행복의 탐구에서 인간에게 가장 큰 자족성을 보장해주는 삶의 방식에 그 특권을 부여하는 것이다.

이 점과 관련해서도 소크라테스^{X}는 소크라테스^{P}와 구별된다. 플라톤은 소크라테스가 자족적인 사람이라는 어떠한 주장도 암시도 하지 않았다. 플라톤이 보기에 의미 있는 자족성이란 오직 지식이나 좋음과 관련된 것일 뿐, 크세노폰이 소크라테스에게 부여했던 자족성, 즉 삶의 조건들과 관련된 물질적 자족성은 아무런 의미도 없기 때문이다. 소크라테스^{P}가 무지를 선언한 이상, 또한 그가 좋음에 대한 열망을 채워줄 지식과 덕의 탐구에서 결코 손을 떼지 않은 이상, 그는 결코 자족적일 수 없는 것이다.[140]

소크라테스의 인물됨과 학설은 《회상》, 《향연》, 《변

---

[140] L.-A. Dorion, "L'impossible autarcie du Socrate de Platon", in Dorion, 2013, pp. 429~448 참조.

론》,《경영론》 등 대화편들 모두에 걸쳐 강력한 일관성을 바탕으로 완벽하게 통일된 모습으로 나타난다. 하지만 그럼에도 우리는 크세노폰의 작품 속에 여전히 복수의 "소크라테스"가 있음을 확인할 수 있다. 이는 크세노폰이 여러 작품을 거치면서, 또 그의 사상이 진화함에 따라, 플라톤이 그랬듯 양립하지 않는 철학적 입장들을 별다른 주저함 없이 소크라테스에게 부여했기 때문이 아니다. 오히려 그가 다른 작품들, 특히《퀴로스의 교육》,《히에론》,《아게실라오스》그리고《스파르타의 정체政體》등을 쓰면서, 앞의 네 편의 "소크라테스식 대화"에서 소크라테스를 통해 구현했던 것들과 같은 성격, 덕, 특징 그리고 학설을 다른 등장인물들(앞에서부터 차례로 퀴로스, 시모니데스, 아게실라오스 그리고 뤼쿠르고스)에게도 부여했기 때문이다.

　　　언뜻 보기에도 무척이나 다른 이 인물들이 지닌 부정할 수 없는 유사성은 무엇에서 기인하는 것일까? 크세노폰이 깊이 그리고 지속적으로 소크라테스의 영향을 받았으므로 스승에 대한 감사의 표시로 자신의 주인공들에게 소크라테스의 덕을 골고루 나누어주었다는 사실을 통해 이 유사성을 설명해야 할까? 그게 아니라면 소크라테스를 포함해 자신의 모든 대변자를 어떤 단일하고 독창적인 모델―즉 그의 고유한 모델―에 입각해 그려냈던 것은 아닐까? 그렇다면 소크라테스라는 인물은 크세노폰이 자신의 모든 저술 속에서 끊임없이 특징지었던 어떤 이상형의 투영 내지는 화신이었다고 생각해볼 수도 있을 것이다.

6장

아리스토텔레스의 소크라테스

앞의 세 명의 증인(아리스토파네스, 플라톤, 크세노폰)과는 반대로 아리스토텔레스는 직접 증인이 아니다. 그는 소크라테스가 죽은 지 약 15년 뒤에 태어났고, 그가 아테네에 정착한 것은 서기전 367년이 지나서였다. 자료 면에서 볼 때 그의 증언들 역시 극히 소수만 추릴 수 있는데, 우리가 보존하고 있는 작품들에서는 34개의 짧막한 대목을, 그리고 소실된 작품들에서는 7개의 단편만을 뽑아낼 수 있다.[141] 더욱이 이 문헌들 가운데 상당수는 그것이 보존된 작품에서 비롯된 것이든 소실된 작품에서 온 것이든 간에, 철학적 측면에 관해서는 그렇게 커다란 관심을 보이지 않는다. 게다가 아리스토텔레스의 증언이 갖는 역사적 가치 역시 점차적으로 도전을 받고 있다. 이 스타게이로스 사람은 역사가로서 작품을 쓴 것이 아닌 듯 보이기 때문이다. 다시 말해 그의 목적은 소크라테스가 지닌 여러 철학적 입장을 그 자체로 분석하고 제시하는 데 있지 않다.

토마 드망T. Deman이 아주 잘 지적했듯 "소크라테스의 학설들은 역사적 관점에 입각해 설명적으로 제시된 것이 아니라, 굳이 말하자면 아리스토텔레스 사상의 고유한 운동 속에 편입된 것이라 할 수 있다."(1942, p. 122) 이는 아리스토텔레스가 플라톤의 대화편들이 보고하는 소크라테스의 사상을 자료로 사용하면서 자기 고유의 학설을 돋보이게 하기 위해, 조역이나 악

141 　드망Deman(1942)에 의해 이 텍스트들에 대한 편집, 번역, 주석이 이루어졌다.

역을 맡기는 방식으로 소크라테스의 사상을 굴절시켰음을 의미한다. 우리는 아리스토텔레스의 증언을 통해 플라톤이 덧붙인 것들로부터 진정한 소크라테스의 초상을 판별할 수 있으리라는 기대를 하는 한편, 이따금씩 아리스토텔레스의 증언들을 보다가 플라톤의 소크라테스가 옹호하는 입장의 진정한 의미를 재구성하기 위해 플라톤으로 돌아가야 하기도 한다.

아리스토텔레스의 증언이 역사적 소크라테스의 사상을 재구성하는 데 근본적으로 쓸모가 있는가 하는 물음에 대해 오늘날 대부분의 역사가들이 회의적이라고 한다면, 우리가 그의 증언에 관심을 갖는 게 대체 무슨 의미가 있을까?(이 책 38~39쪽 참조) 요컨대 그 주된 의미는 그의 증언이 소크라테스가 철학에 이바지한 것에 대한 최초의 비판적 평가 사례라는 데 있다.

사실 아리스토텔레스는 자신의 이름을 걸고 소크라테스를 언급하고, 그를 비판대에 세워놓고 검토했던 최초의 저술가다. 물론 플라톤이 이미 소크라테스에게서 일정한 거리를 취했을 수도 있고, 소크라테스의 몇몇 논제를 비판했을 수도 있다. 그럼으로써 그가 창조한 소크라테스라는 인물이 대화편들을 거치면서 주목할 만한 진화를 겪는다고 생각하도록 만들었을 수도 있다. 또한 그 자신이 앞선 대화편들에서는 옹호했던 입장들을 스스로 포기한 것처럼 보이게 했을 수도 있다. 그러나 플라톤은 대화편들 속에서 단 한 차례도 자신의 이름을 걸고 소크라테스를 언급한 적이 없으며, 대화편에 등장하는 어떠한 인물도 직접적이거나 직설적인 방식으로 소크라테스가 지지한 입장을 비판한 적이 없다. 플라톤이 자기 스승에게 가한 비판 내용을 정확하게 가늠하는 것은 지극히 어려울뿐더러 사실상 불가능하다. 반면에 아리스토텔레스의 경우는 사정이 다르다. 그는 공공연하게 입장을 취했는데, 어떤 때는 소크라테스를 예찬하기 위해서였고, 또 어떤 때는— 물론 대부분의 경우가 그랬지만— 그를 비판하기 위해서였다.

실제로 아리스토텔레스가 기꺼이 인정하는 소크라테스의 공적은 두 가지다. "우리가 정당하게 소크라테스에게 부여할 수 있는 공헌은 두 가지인데, 귀납추론과 보편적 정의가 그것이다. 이 두 가지가 과학의 출발점에 놓여 있기 때문이다."[142] 그렇다면 소크라테스가 철학에 기여한 내용은 본성상 인식론적인 것인 셈이다. 다시 말해 소크라테스는 귀납추론을 수행하고 보편적 정의를 추구함으로써 과학의 본질적인 차원에 몰두했다고 할 수 있다. 아리스토텔레스가 반복해서 말하듯이 과학에는 보편자에 대한 과학만 있기 때문이다. 아리스토텔레스의 이런 판단은 두 가지 점에서 논란의 소지가 있다.

첫째, 아리스토텔레스에 따르면 소크라테스의 주된 공적이 윤리적 영역이 아니라 인식론적 영역에 놓이게 된다는 사실이다. 잠시 뒤에 보겠지만, 소크라테스가 윤리 영역에 이바지

---

142   《형이상학》 M 4, 1078b 27~30.

한 공적을 강조하는 데 아리스토텔레스가 주저하는 태도를 보였다면, 이는 분명 소크라테스 윤리학의 주요 입장에 관해 그가 아주 가혹한 평가를 내렸기 때문이라 하겠다.

둘째, 아리스토텔레스는 소크라테스가 인식론적 문제들에 관심을 갖고 몰두했다고 보지만, 다른 증언에 나타난 소크라테스는 그렇지 않았다. 최소한 크세노폰의 소크라테스나 플라톤의 소크라테스가 몰두했던 관심사는 아니었다. 이 스타게이로스 출신의 철학자는 자신이 인정했던 소크라테스의 두 가지 공적을 언급하기에 앞서 다음과 같이 단언한다. "한편 그는 타당하게도 본질에 관해 탐구하고 있었다. 왜냐하면 그는 추론법에 관해 연구 중이었는데, 본질이야말로 추론의 원리이기 때문이다."[143] 그렇지만 소크라테스가 본질을 탐구했다면, 그것은 추론의 원리를 확보하기 위해서라기보다는 오히려 우리가 행동에 임함에 있어 본받을 만한 어떤 오류 불가능한 모델에 도달하기 위해서였다. 본질의 발견이란 과학적 조작 과정에 놓인 어떤 중간 단계가 아니라, 전적으로 윤리적이고 실천적 관점에 속하는 탐구가 이르게 될 종착점인 것이다. 다시 말해 만일 덕이 일종의 앎이라면—이에 대해 아리스토텔레스는 이의를 제기하겠지만—본질의 발견이란 곧 행위의 올바름을 보장해줄 수 있는 모범을 만들어내는 일이다. 소크라테스가 몰두하지 않았던 관

---

143   《형이상학》M 4, 1078b 23~25.

심사를 소크라테스에게 부여함으로써 아리스토텔레스는 학설의 전환을 조작한다. 왜냐하면 그는 소크라테스로 하여금 결코 자신의 것이 아니었던 목적에 봉사하도록 하기 위해 본질의 발견을 그의 주요 관심사로 돌렸기 때문이다.

소크라테스의 이 두 가지 공헌에 관해 언급하고 나서 아리스토텔레스는 명백한 어조로, 소크라테스가 플라톤 및 플라톤을 표방한 철학자들과는 반대로 "보편자와 정의를 분리하지 않았다"고 말한다. 다시 말해 소크라테스는 보편적 정의의 대상, 즉 여러 덕을 감각실재로부터 분리해 그 자체로 존재하는 본질의 단계로 격상시키지 않았다는 것이다. 아리스토텔레스는 서로 다른 두 대목에서 동일한 주제를 다루는데(《형이상학》 A 6, 987a30 이하 및 M 9, 1086a37 이하 참조), 거기서 그는 소크라테스를 가지적 형상의 창안자로 볼 수 없다고 반복해서 주장한다. 소크라테스는 플라톤과 달리 정의를 통해 정식화된 보편자가 감각사물들과 분리된 존재자라고도 생각하지 않았고, 이 감각사물들이 가지적 형상과 동일시된 존재자에 "참여한다"고도 생각하지 않았다는 것이다.

아리스토텔레스가 아주 명시적으로 가지적 형상설의 기원을 플라톤으로 단언하고 있다는 점에서, 이 증언이 불러일으킨 역사적 관심은 부정할 수 없는 듯 보인다. 그렇다고 해서 그가 "소크라테스의 문제"에 어떤 해결책을 가져다주는 것은 아니다. 왜냐하면 그는 순전히 부정적인 입장만을 취하기 때문이다.

　　그는 소크라테스가 가지적 형상설의 창안자가 아니라고 단언하는 것으로 만족할 뿐이다. 또한 비록 아리스토텔레스의 이 증언이 플라톤의 청년기 대화편들에서 확인되는 내용—즉 이 대화편들에는 가지적 형상에 대한 논의가 없다—과 부합한다고는 해도, 이 대화편들이 역사적 소크라테스의 사상을 충실히 반영한다고 주장할 수 있는 것도 아니다. 이 대화들의 중심에 있는 다른 이론적인 요소들이 플라톤에게 속하지 말란 법도 없기 때문이다. 그밖에도 만일 몇몇 "소크라테스식 대화"가 역사적 소크라테스의 가르침에 충실하다는 것을 주장하기 위해 그 작품들에는 가지적 형상 언급이 없다는 사실을 확인하는 것으로 충분하다면, 우리는 크세노폰이 썼던 "소크라테스식 대화들"의 역사적 충실성 또한 인정해야 할 것이다. 거기서는 가지적 형상의 어떠한 흔적도 나타나고 있지 않다.

　　아리스토텔레스는 또한 "아크라시아"의 불가능성과 관련해서도 플라톤의 소크라테스 입장에 동의한다.(이 책 121~122쪽 참조) 아리스토텔레스는 이 논제가 갖고 있는 아주 역설적인 성격을 강조한 뒤(《니코마코스 윤리학》 VII 3, 1145b27~29 참조) 미묘하면서도 복잡한 입장을 개진한다. 이 입장은 여러 가지 면에서 소크라테스가 제출한 것과는 다르지만, 그럼에도 소크라테스의 경우처럼 지식이 출현할 때 "아크라시아"는 불가능하며 활성 상태의 지식은 어떠한 의미에서도 노예처럼 괴롭힘을 당할 수 없다고 결론짓는다.(VII 5, 1147b13~17 참조)

　　한편 아리스토텔레스의 증언들 중 가장 많은 대목이 다루고 있는 주제는 소크라테스의 덕−과학의 역설이다. 전체 증언 가운데 거의 4분의 1에 달하는데, 한결같이 이 논제에 대해 매우 비판적인 태도를 취한다. 아리스토텔레스는 소크라테스가 최초로 도덕적인 물음들에만 배타적으로 몰두했으며(이 책 10쪽의 해당 주 참조), 또 그런 점에서 일종의 선구자였다는 사실을 흔쾌히 인정한다. 하지만 이 보고의 유효 범위는 제한될 수밖에 없다. 아리스토텔레스는 플라톤의 소크라테스가 윤리학에서 취했던 주요 입장, 즉 덕−과학의 역설이 타당하거나 정당하다고 인정하는 것을 단호하게 거부하기 때문이다.

　　그가 제기했던 수많은 반대 의견 가운데, 소크라테스가 덕의 원천 및 덕의 획득방식을 등한시했다는 비난에 입각한 반대 의견을 다뤄보도록 하자.(《에우데모스 윤리학》 I 5, 1216b 10 참조) 이 비판은 일정 부분 정당화되지 않는다. 덕−과학의 관점에서 볼 때, 사람들이 덕을 획득하는 방식은 엄밀하게 말해 덕을 형성하는 지식을 규정하는 일이기 때문이다. 덕이 일종의 앎이기에, 덕을 갖춘 사람이 되기 위해서는 그것을 규정할 수 있는 것으로 충분하며, 그럼으로써 덕의 원천과 덕을 획득하는 방식이 뒤섞이게 되는 것이다. 그럼에도 덕의 발생 및 획득과 관련해, 덕−과학의 역설을 아리스토텔레스의 입장인 반주지주의적 관점에서 보면, 우리는 아리스토텔레스의 비판을 완전하게 이해할 수 있다. 소크라테스가 자신의 학설에 따라 도덕적인 항목들의

거처를 혼의 이성적 부분에 두는 데 반해, 아리스토텔레스는 그
것들을 비이성적인 부분에 연결시킨다. 또 소크라테스와는 반대
로 지식이 덕의 발생과 획득에 아무런 역할도 하지 않는다고 생
각한다. 그에게 있어 덕은 "후천적 상태*hexis*"로서 본질적으로 습
관의 결과일 뿐이므로, 덕을 갖추려고 그것의 본질에 대한 지식
에 기대를 걸 수 없다.

　　《에우데모스 윤리학》의 한 대목에서 아리스토텔레스
는 소크라테스의 이름을 명시적으로 언급하지 않으면서도, 그의
덕-과학의 역설을 노골적으로 공격하는데, 거기서 그는 아주 도
발적인 어조로 다음과 같이 단언하고 있다. "우리가 원하는 것은
용기가 무엇인지에 대한 앎이 아니라 그저 용감해지는 것이다."(I
5, 1216b21~22) 극단적이라 할 만큼 도발적인 이 주장이 의미하는
것은 분명하다. 소크라테스가 보기에 용기에 대한 앎은 용감해
지는 데 있어서 사실상 필요조건이자 충분조건이라는 것이다.

　　마지막으로 아리스토텔레스가 소크라테스에게 가했던
비판적인 평가가 그의 윤리적 입장들을 논의하는 대목들에만
국한되지 않는다는 점을 강조할 필요가 있다. 그 비판적 내용은
소크라테스의 삶에 관해 언급한 두 개의 증언에서도 마찬가지
로 구체적으로 나타난다. 그런데 이 두 증언 가운데 하나는 논란
의 여지가 있다. 그것이 소실되어 그 진위 여부마저 불투명한 작
품에서 건진 단편이라는 점은 차치하더라도, 아리스토텔레스를
소크라테스의 결혼생활에 관한 뜻밖의 정보 원천으로 삼았던

세 명의 저자[144] 간에도 그것에 관해서는 심각한 불일치가 나타
난다. 아리스토텔레스는 《고귀함에 관하여》라는 저작에서 소크
라테스의 중혼에 관해 다루었을 것이라고 추측된다.(이 책 17~18
쪽 참조) 이 진위마저 의심스러운 단 하나의 단편에 기대어, 아
리스토텔레스가 소크라테스에 관해 어떤 악의를 갖고 있었다고
의심하는 것은 타당하지 않을뿐더러 사실상 불가능하다. 이렇
게 볼 때 거꾸로 우리에게 전해지는 작품에서 뽑아낸 다음의 증
언은 아리스토텔레스가 무조건적으로 추종하는 여느 소크라테
스주의자들과는 달랐으리라는 판단의 여지를 준다.

> 높은 재능을 부여받은 혈통은 종종 광적인 기질로 변질됨으
> 로써 쇠락한다. 예컨대 알키비아데스의 후손들이나 노老디
> 오뉘시오스의 후손들이 그랬던 것처럼 말이다. 다른 한편 차
> 분한 기질을 받은 혈통은 어리석고 아둔한 기질로 변질됨으
> 로써 그렇게 된다. 예컨대 키몬, 페리클레스, 그리고 소크라
> 테스의 후손들이 그랬던 것처럼 말이다.[145]

이 대목에 내포된 날카로움을 강조하기 위해서는 소크
라테스ᴾ가 여러 차례에 걸쳐 당대의 정치인들을 비판했던 내용

---

144   디오게네스 라에르티오스, 《생애》 II 26; 플루타르코스, 《아리스테이
       데스》 XXVII 3; 아테나이오스 XIII 556(=SSR I B 7) 참조.
145   아리스토텔레스, 《수사학》 II 15, 1390b 27~31.

을 상기해보는 걸로 충분할 것이다. 당대의 정치가들은 그들의 덕을 통해 이름을 떨쳤지만, 정작 자기 자식들에게 덕을 전수하는 데 있어서는 무능함을 보였다.(이 책 118~119쪽 참조) 소크라테스의 자식들과 페리클레스의 자식들을―페리클레스의 경우 소크라테스ᴾ가 꼽는 자식 교육에 실패한 아버지 사례의 단골 메뉴이다―동급으로 취급함으로써 아리스토텔레스가 전하려는 의도는 분명하다. 소크라테스 역시 자신이 즐겨 비판했던 정치 지도자들보다 딱히 더 큰 성공을 거두지는 못했다는 것이다.

사실 이 증언의 내용 자체는 우리에게 아리스토텔레스가 이후 소요학파에서 발견되는 반소크라테스적 경향의 기원일 수 있다는 가설을 고려해볼 만한 여지를 준다. 실제로 우리는 아리스토텔레스가 세운 학원이었던 뤼케이온의 몇몇 회원이 소크라테스와 관련해 명백하게 적의로 가득 찬 주장들을 퍼뜨렸다는 사실을 알고 있다. 그들 중에는 아리스토텔레스의 제자였던 타렌트 출신의 아리스토크세노스가 있었다. 아리스토크세노스는 몇몇 단편만 전해지는 자신의 저작《소크라테스의 생애》를 통해 고대를 통틀어 가장 유명했던 현자의 모습을 폄훼하고 헐뜯는다. 예컨대 그는 소크라테스가―누구보다도 스승인 아르켈라오스[146]의 귀여움을 독차지했을 터인데― 화를 잘 내

---

146   디오게네스 라에르티오스,《생애》II 19(=fr. 52a Wehrli=SSR I B 42) 참조.

고[147] 교양 없으며 상스럽고 방탕한[148] 사람으로 금전적 투기에 무척이나 열중했다고 묘사하기도 한다.[149]

　　뤼케이온의 설립자 자신[아리스토텔레스]이 그런 예를 제시하거나 시범을 보이지 않았다면, 아리스토크세노스가 소크라테스에 관해 드러내 보인 이러한 적대감을 이해하기란 쉬운 일이 아니다. 요컨대 아리스토텔레스는 소크라테스에 관해 엄밀하게 철학적인 비판을 수행했던 최초의 사람이었을 뿐만 아니라, 플라톤과 크세노폰의 "소크라테스식 대화들"이 참여했던 옹호론적 과업과는 명확하게 구분되는, 매우 불손하기 짝이 없는 전기적 전통의 선구자이기도 했던 것이다.

147　　퀴로스의 테오도레토스, 《그리스 질병의 처방》 XII 61~65(=fr. 54b Wehrli=SSR I B 45) 참조.

148　　플루타르코스, 《헤르도토스의 교활함에 관하여》 9, 856C(=fr. 55 Wehrli=SSR I B 46) 참조.

149　　디오게네스 라에르티오스, 《생애》 II 20(=fr. 59 Wehrli=SSR I B 50) 참조.

결론

　　소크라테스의 문제가 어느 하나의 증언으로 해소될 수 없기에, 우리는 네 명의 주요 증인이 남겨준 소크라테스의 초상들에 나타난 환원 불가능한 다양성을 그대로 수용할 수밖에 없다. 만일 우리가 폴뤼크라테스의《소크라테스를 고발함》을 보존할 수 있었더라면, 그리고 무엇보다도 안티스테네스를 위시해 스페토스의 아이스키네스와 메가라의 에우클레이데스 그리고 파이돈과 같은 소크라테스의 제자들이 기록했다는 수많은 "소크라테스식 대화들"을 온전히 보존할 수 있었더라면, 이 다양성은 한층 더 크고 풍부해졌을지도 모른다. 그들이 플라톤과 크세노폰 못지않게 주저함 없이 소크라테스를 저마다 품고 있었던 학설의 대변자로 삼으려 했다는 점을 신뢰하게 할 만한 전거들은 수두룩하다. 그것은 우리가 그들의 작품들 가운데 보존하고 있는 단편들을 읽고서 내릴 수 있는 결론이기도 하거니와 아우구스티누스가 도달한 결론이기도 하다.

그토록 유명했던 삶과 죽음 때문에, 소크라테스는 자신의 뒤에 자신의 지혜를 따르려는 수많은 추종자를 남기게 되었다. 그들은 도덕의 문제에 대한 탐구 속에서 서로 경쟁했는데, 거기서는 인간에게 행복하게 살 만한 가치를 선사하는 최고선의 문제가 다루어진 것이다. 이 문제 자체는 소크라테스가 특정 입장을 지지하거나 파괴하면서 모든 것을 건드리는 통에 대화편들 안에서는 뚜렷하게 드러나지 않았기에 **사람들은 저마다 그 안에서 자신에게 적절한 것을 취했고, 자기만의 방식으로 좋음의 본성을 정의했다.** 그런데 좋음의 본성이란 그 정의상 일단 도달하게 되면 행복하게 해주는 것이다. 소크라테스주의자들은 그 문제에 관해 서로 대립되는 입장들을 옹호하기도 했는데, 이는 동일한 스승의 제자들이라는 측면에서 보았을 때 믿기 힘든 일이었다. 어떤 사람은 아리스티포스가 그랬듯이 최고선을 즐거움에서 찾았고, 또 어떤 사람은 안티스테네스처럼 덕에다 두었다. 그리고 다른 사람들은 이런 식으로, 또 다른 사람들은 저런 식으로 주장했는데 그 모든 것을 다 기억해내기에는 시간이 너무 오래 걸릴 것이다.[150]

좋음[善]과 지혜에 관한 저마다의 다양한 생각을 놓고, 소크라테스를 그것들의 모델 내지는 옹호자로 삼기 위해 그의 모습을 전용한 사람들은 비단 소크라테스주의자들만이 아니었다.

---

150   《신국론》 VIII 3(강조표시는 인용자의 것).

소크라테스라는 인물에 대한 이러한 전용 행위는 스토아주의와 신아카데미아의 회의주의처럼 서로 대립하는 철학 학파들 안에서도 일어났다. 하지만 그렇다고 해서 모든 철학 학파가 소크라테스를 표방하고 나섰다거나 그를 "숭배했던" 것은 결코 아니었다. 우리는 이미 소요학파의 몇몇 성원이 소크라테스를 향해 표출했던 적대감을 언급한 바 있다.

　우리는 또한 그에 대한 많은 비방자 가운데 에피쿠로스학파의 철학자들을 고려해볼 수 있다. 그들은 자기들 학파의 창설자에게 진정한 숭배를 맹세했기 때문에, 에피쿠로스에 의해 권장되고 구현된 지혜의 모델과 관련해 소크라테스를 그것의 전조나 삽화로 인정할 마음이 전혀 없었다. 아울러 소크라테스가 스토아학파나 아카데미아 사람들이 표방했던 모범이었기 때문에, 에피쿠로스학파에게는 소크라테스 모델에 참여하기를 거부하는 것이야말로 그들만의 차별화를 이루어내는 하나의 방식이기도 했다. 소크라테스의 모습을 둘러싼 양가적인 태도가 그리스 철학 전통에만 고유한 것은 아니었다. 우리는 이런 태도를 교부들 사이에서도 찾아볼 수 있다. 그들 중 어떤 이들은 소크라테스에게서 그리스도의 전조를 목도했다고 주저함 없이 단언하는가 하면, 다른 이들은 저들의 접근 원리 그 자체에 맹렬하게 반대한다.

　소크라테스의 여러 초상에 관한 논의는 고대 세계와 더불어 끝나지 않는 주제이다.[151] 중세기에 일정한 단절기를 거치

151　　　*Sur la réception du personnage de Socrate depuis l'Antiquité*, Trapp, 2007.

고 난 뒤, 르네상스 시대 이래 소크라테스의 초상들을 소장하는 미술관은 더 이상의 단절 없이 풍요로워지고 있다. 그런 점에서 "각각의 시대는 자기에게 고유한 소크라테스를 재창조해야 한다"라는 주장은 전적으로 타당하다.[152] 몽테뉴M. E. Montaigne, 헤겔 G. Hegel, 키르케고르S. Kierkegaard 그리고 니체F. W. Nietzsche와 같이 결정적인 사상가들이 소크라테스라는 인물과 잇달아 대화를 나누었다는 사실은 그가 현대철학에 있어서도 매우 특별한 영감의 원천임을 증언해준다. 아울러 혹시라도 역사적 소크라테스 사상의 재구성 가능성을 단념해야 한다는 생각에 안타까워하는 이들이 있다면, 고대로부터 전수된 소크라테스의 초상들이야말로 결코 마르지 않고 끊임없이 새로워지는 원천의 전형이며, 거기서 철학적 사유가 스스로 영감을 길어 올린다는 사실을 유념하면서 부디 위안을 얻기를 바란다.

---

152   C. C. W. Taylor, *Socrates*, Oxford, 1998, p. 100.

옮긴이의 말

한국에서 '소크라테스'라는 이름을 모르는 사람이 있을
까? 대부분의 한국인들은 소크라테스를 공자, 석가모니, 예수와
함께 4대 성인의 한 명으로 알고 있을 것이다. 또한 그가 플라톤
의 스승이었다는 사실도 알고 있을 것이다. 가난뱅이에다가 우
스꽝스러운 모습의 추남이었음에도 불구하고, 소크라테스의 곁
에는 늘 멋진 젊은이들이 들끓었으며, 그 역시 이 젊은이들과 어
울려 대화하기를 즐겼다는 것도 알 만한 사람들은 다 아는 이야
기다. 또 그가 불경죄 등의 죄목으로 고발당해 유죄판결을 받은
뒤에 독배를 마시고 죽었다는 것도 널리 알려진 사실이다. 많은
사람이 그가 부당하게 사형선고를 받았음에도 "악법도 법"이라
며 탈옥을 거부하고 의연하게 죽음을 맞이했다고 들어 알고 있
다. 또한 적지 않은 사람들이 방금 한 이야기가 사실은 근대의
전체주의 이데올로그들에 의해 조작된 일화일 뿐, 소크라테스
는 결코 악법의 권위를 옹호한 적이 없다는 것을 알고 있다. 이

뿐만이 아니다. 위인들의 자잘한 뒷얘기를 좋아하는 사람들은 소크라테스에게 크산티페라는 이름의 악처가 있었음을 알고 있으며, 이들 부부와 관련된 한두 가지 정도의 우화도 알고 있을 것이다. 요컨대 많은 사람이 소크라테스에 관해 제법 많은 것을 알거나 또 그렇게 안다고 믿고 있는 것이다.

하지만 정작 철학자로서 소크라테스가 어떤 학설을 갖고 있었는지, 또 어떤 주장을 설파하고 다녔는지에 관해 묻는다면, 이 물음에 대해 똑 부러지게 대답할 수 있는 사람은 아마 거의 없을 것이다. 사실 따지고 보면 사람들이 그에 관해 안다고 믿으며 이야기하는 것들이란 거의 다 소크라테스라는 인물을 둘러싼 일화에 불과하다. 이 일화들로부터 한 걸음만 더 나아가, 예컨대 그가 왜 성인이라 불릴 만한지를 묻는다면, 사람들은 당장 대답의 곤궁함을 느낄 것이다. 그런데 이 곤궁함은 일반 대중들만 느끼는 것이 아니다. 정도의 차이만 있을 뿐, 이것은 이른바 고대철학의 전문가들도 피해갈 수 없는 그런 궁색함이기도 한 것이다.

소크라테스는 글을 남기지 않았다. 그는 오직 동포 시민들과의 대화를 통해서 덕과 행복, 옳고 그름에 관한 물음들에 천착했다고 전해진다. 따라서 그가 펼쳤던 사상이 어떤 것인지를 알고자 한다면, 우리는 그의 제자들이 스승에 관해 남긴 기록들에 의존할 수밖에 없다. 사실 자료의 빈곤에 관해 말하자면, 그건 비단 소크라테스만의 문제는 아닐 것이다. 수많은 고대의

철학자들이 그저 이름만 전해져 내려오거나, 뭔가 있다고 해도
사유의 복원이 거의 불가능할 만큼 적은 양의 조각 글들만 남아
있는 형편이다. 소크라테스의 경우는 후대의 증언들이라도 제
법 남아 있으니, 그래도 사정이 좀 나은 편이라고 할 수 있겠다.
하지만 우리가 소크라테스에 대해 느끼는 빈곤함은 다른 고대
철학자들을 마주할 때 느끼는 빈곤함, 즉 단순히 사료의 부족에
서 비롯된 것과는 조금 다르다. 왜냐하면 이 빈곤함이란 우리에
게 전해진 그에 관한 자료들이 과연 소크라테스를 충실하게 반
영하고 있는가에 대한 불안과 회의로부터 온 것이기 때문이다.
소크라테스 사후 그의 후예를 자처하는 수많은 철학자들이 그
에 관해 이야기했지만, 그것들은 대부분의 경우 스승에 대한 객
관적인 보고라기보다는 차라리 전용에 가까운 것이었다. 많은
이들이 소크라테스의 이름을 빌려 자기들의 이야기를 했고, 또
자기들 사상의 권위를 확보하기 위해 소크라테스라는 가면을
썼다. 그리고 저들이 소크라테스의 이름을 걸고 이야기한 것들
중에서 진짜 소크라테스가 주장했을 법한 내용을 걸러내는 것
은 지난 세기 철학사가들의 주된 임무들 가운데 하나였다.

　　　수많은 증언을 비교·검토하고 해석하면서 어떤 이들은
아리스토파네스의 희극 속에서 소크라테스의 참모습을 보았다
고 믿었고, 또 어떤 이들은 크세노폰을 소크라테스에 대한 가장
공정한 보고자라고 여겼는가 하면, 아리스토텔레스의 철학사적
평가 속에서 소크라테스의 진정한 모습을 볼 수 있다고 주장하

는 이들도 있었다. 하지만 대다수의 철학사가들이 진정한 소크라테스의 면모를 가장 많이 담고 있다고 믿었던 자료들은 뭐니 뭐니 해도 플라톤의 작품들이었다. 사람들은 그중에서도 플라톤의 초기 대화편들에 등장하는 소크라테스야말로 역사적 소크라테스의 모습을 가장 충실하게 반영한 인물이라고 평가했다. 반면 중기 이후의 대화편들에 나오는 소크라테스는 역사적 인물이라기보다는 플라톤의 페르소나에 가깝다고 생각했다. 따라서 역사적 소크라테스의 행적과 사상을 있는 그대로 보기 위해서는 플라톤의 초기작에 등장하는 소크라테스의 주장을 탐구해야 한다는 것이다. 이렇듯 누구의 소크라테스를 진정한 소크라테스로 볼 것이냐 하는 물음은, 요컨대 수많은 증언 속에서 전용되고 왜곡된 소크라테스의 참모습을 복원해내려는 시도에서 유래한 것이라 볼 수 있다. 그런데 이 시도는 과연 실현 가능한 일일까? 고대철학자들의 전략적 글쓰기 속에서 이미 심하게 착색되고 이지러진 소크라테스의 초상으로부터 순수하게 역사적인 소크라테스의 모습이 만족스럽게 복원될 수 있을까?

　　이 책의 지은이 루이-앙드레 도리옹 교수는 이와 같은 시도에 대해 회의적인 태도를 숨기지 않는다. 그는 역사적 증언들로부터 소크라테스의 참된 모습을 복원해내려는 시도는 애초에 불가능한 일이라고 본다. 아울러 그는 어느 한 철학자가 그린 소크라테스를 역사적 소크라테스로 환원하려는 시도 역시 무의미한 일이라고 생각한다. 더욱이 소크라테스는 어느 한 사람만

의 소크라테스로 독점될 수 없다. 그는 시대에 따라 철학사에 등
장하고 퇴장했던 모든 철학자들의 소크라테스인 것이다. 그래
서 지은이는 여러 사람들이 묘사한 소크라테스의 모습에 나타
난 환원 불가능한 다양성에 주목한다. 소크라테스를 어느 한 가
지 모습으로 고정시키고 그것을 옹호하는 대신, 지은이는 이 책
에서 네 명의 역사적 증인이 소크라테스에 관해 언급했던 내용
들을 비교적 공정하고 객관적인 태도로 우리에게 소개해주는
길을 택한다. 그러면서도 지은이는 이 소개가 소크라테스에 관
한 여러 증언을 그저 무원칙하게 나열하는 데 그친다고는 생각
지 않는다. 왜냐하면 소크라테스를 전용했던 사람들은 덕과 행
복, 선과 악에 관한 저마다의 다양한 생각들을 놓고서, 긍정적인
의미에서든 혹은 부정적인 의미에서든, 소크라테스를 그것들의
모델로 삼았다고 보기 때문이다. 그리고 그들의 행동은 그 자체
로 소크라테스가 도덕적 물음과 관련된 철학적 영감의 마르지
않는 원천이었음을 반증하는 것이라 볼 수 있기 때문이다.

　　이 책이 한국에서 처음 출간된 해는 2009년이었다. 그
뒤로 소크라테스와 소크라테스 전통에 관한 국내외 연구와 논
문이 말 그대로 '쏟아져 나왔고,' 무엇보다도 원천 자료에 해당
되는 플라톤과 크세노폰의 작품들이 상당수 번역됨으로써 서양
고대철학에 관한 연구 환경이 과거와는 비교할 수 없을 정도로
좋아졌다. 이 책의 원서 역시 2004년에 처음 출판된 이후, 두 차

례 개정을 거치면서 몇몇 중요한 부분의 수정 및 내용 보충과 함께 최근의 연구 성과들이 충실히 반영되었다. 이 책은 원서의 최신 개정판인 제3판(2018)을 토대로 기존의 번역을 수정 보완한 것이다. 특히 원서에서 제공하는 참고 문헌 외에도, 최근에 한국어로 이루어진 번역과 논문 목록을 수록함으로써 독서연구에 도움이 될 수 있도록 했다. 소크라테스의 삶과 사유를 이해하고자 하는 독자들에게 이 책이 작지만 알찬 안내서로 기능할 수 있기를 기대한다.

용인에서

김유석

▬ 참고 문헌

Ahbel-Rappe, S. & R. Kamtekar (eds.), *A Companion to Socrates*, Oxford, 2006.

Benson, H. H. (ed.), *Essays on the Philosophy of Socrates*, Oxford, 1992.

Brickhouse, T. C. et Smith, N. D., *Plato's Socrates*, Oxford, 1994.

_____, *The Philosophy of Socrates*, Boulder (Co.), 2000.

_____, *Socratic Moral Psychology*, Cambridge, 2010.

Bussanich, J. & N.D. Smith (eds.), *The Bloomsbury Companion to Socrates*, London, 2013.

Deman, T., *Le Témoignage d'Aristote sur Socrate*, Paris, 1942.

Dorion, L.-A. et Bandini, M. (eds.), *Xénophon: Mémorables* (3 vols), Paris, 2000-2011.

Dorion, L.-A., *L'Autre Socrate. Études sur les écrits socratiques de Xénophon*, Paris, 2013.

Festugière, A.-J., *Socrate*, Paris, 1934.

Giannantoni, G. et Narcy, M. (eds.), *Lezioni socratiche*, Napoli, 1997.

Giannantoni, G., *Socratis et Socraticorum Reliquiae* (4 vols.), Napoli, 1990

Gigon, O., *Sokrates. Sein Bild in Dichtung und Geschichte*, Bern, 1947.

Gourinat, J.-B. (ed.), *Socrate et les socratiques*, Paris, 2001.

Gower, B. S. et Stokes, M. C. (eds.), *Socratic Questions. New Essays on the Philosophy of Socrates and its Significance*, London, 1992.

Gulley, N., *The Philosophy of Socrates*, London, 1968.

Guthrie, W. K. C., *Socrates*, Cambridge, 1971.

Hadot, P., *Qu'est-ce que la philosophie antique?*, Paris, 1995. [《고대철학이란 무엇인가?》, 이세진 옮김, 열린책들, 2017]

Humbert, J., *Socrate et les petits socratiques*, Paris, 1967.

Ismard, P., *L'Événement Socrate*, Paris, 2013.

Kelly, E. (ed.), *New Essays on Socrates*, Lanham, 1984.

Magalhães-Vilhena, V. de, *Le problème de Socrate: le Socrate historique et le Socrate de Platon*, Paris, 1952.

Maier, H., *Sokrates, sein Werk und seine geschichtliche Stellung*, Tübingen, 1913.

McPherran, M., *The Religion of Socrates*, University Park (Pa), 1996.

Montuori, M., *The Socratic Problem. The History, the Solutions*, Amsterdam, 1992.

Morrison, D.R. (ed.), *The Cambridge Companion to Socrates*, Cambridge, 2010.

Narcy, M. & A. Tordesillas (eds.), *Xénophon et Socrate*, Paris, 2008.

Prior, W. J. (ed.), *Socrates. Critical Assessments* (4 vols.), London, 1996.

Rossetti, L., *Le Dialogue socratique*, Paris, 2011.

Roustang, F., *Le secret de Socrate pour changer la vie*, Paris, 2009.

Smith, N. D. et Woodruff, P. B. (eds.), *Reason and Religion in Socratic Philosophy*, New York, 2000.

Stavru, A. & C. Moore (eds.), *Socrates and the Socratic Dialogue*, Leiden, 2018.

Taylor, A. E., *Varia Socratica*, Oxford, 1911.

Trapp, M. (ed.), *Socrates from Antiquity to the Enlightenment*, Aldershot, 2007.

_____, *Socrates in the Nineteenth and Twentieth Centuries*, Aldershot, 2007.

Vander Waerdt, P. A. (ed.), *The Socratic Movement*, Ithaca, 1994.

Vlastos, G., *Socrates: Ironist and Moral Philosopher*, Ithaca (NY), 1991.

_____, *Socratic Studies*, Cambridge, 1994.

Wolff, F., *Socrate*, Paris, 1985.

국내 자료_ 고대 문헌

○ 아리스토파네스의 소크라테스
  《아리스토파네스 희극 전집》(2 vols.), 천병희 옮김, 도서출판 숲, 2010.

○ 플라톤의 소크라테스
  플라톤, 《고르기아스》, 김인곤 옮김, 아카넷, 2021.
  _____, 《국가·政體》, 박종현 역주, 서광사, 2003.
  _____, 《라케스》, 한경자 옮김, 아카넷, 2020.
  _____, 《뤼시스》, 강철웅 옮김, 아카넷, 2021.
  _____, 《메넥세노스》, 이정호 옮김, 아카넷, 2021.
  _____, 《메논》, 이상인 옮김, 아카넷, 2019.
  _____, 《소크라테스의 변명》, 강철웅 옮김, 아카넷, 2020.
  _____, 《알키비아데스 1·2》, 김주일·정준영 옮김, 아카넷, 2020.
  _____, 《에우튀데모스》, 김주일 옮김, 아카넷, 2019.
  _____, 《에우튀프론》, 강성훈 옮김, 아카넷, 2021.
  _____, 《크리톤》, 이기백 옮김, 아카넷, 2020.
  _____, 《파이돈》, 전헌상 옮김, 아카넷, 2020.
  _____, 《파이드로스》, 김주일 옮김, 아카넷, 2020.
  _____, 《프로타고라스》, 강성훈 옮김, 아카넷, 2021.
  _____, 《향연》, 강철웅 옮김, 아카넷, 2020.

○ 크세노폰의 소크라테스
  크세노폰, 《경영론·향연》, 오유석 옮김, 부북스, 2015.
  _____, 《소크라테스 회상록·소크리테스의 변론》, 오유석 옮김, 부북스, 2018.

○ 아리스토텔레스의 소크라테스
  아리스토텔레스, 《형이상학》, 김진성 옮김, 서광사, 2022.

○ 헬레니즘 및 기타 고전 문헌들

키케로,《투스쿨룸 대화》, 김남우 옮김, 아카넷, 2014.

_____,《신들의 본성에 관하여》, 강대진 옮김, 그린비, 2019.

_____,《최고선악론》, 김창성 옮김, 서광사, 1999.

디오게네스 라에르티오스,《유명한 철학자들의 생애와 사상》이정호 (외) 옮김, 나남출판, 2021.

국내 자료_ 2차 문헌

강대진 외,《플라톤의 그리스 문화 읽기》, 아카넷, 2020.

강성훈,〈소크라테스의 용기와 지혜의 동일성 논증과 프로타고라스의 반론:《프로타고라스》349e~351a〉,《철학연구》(82), 2008, pp. 61~81.

_____,〈덕의 가르침 가능성과 덕의 단일성. 대화편《프로타고라스》에서 '위대한 연설'과 그에 대한 반응〉,《서양고전학연구》(50), 2013, pp. 33~72.

구교선,〈소크라테스가 고르기아스를 만났을 때: 플라톤《고르기아스》448e-461b에 대한 한 가지 해석〉,《서양고전학연구》(60-2), 2021, pp. 73~105.

김귀룡,〈원형적 비판으로서의 소크라테스적 논박〉,《서양고전학연구》(10), 1996, pp. 43~77.

_____,〈프로타고라스의 논쟁술과 소크라테스의 논박에 나타나는 교육관의 차이〉,《서양고전학연구》(27), 2007, pp.187~219.

김남두,〈《고르기아스》에서 플라톤의 수사술 비판〉,《서양고전학연구》(27), 2007, pp. 43~63.

김영균,〈《프로타고라스》편에서 '덕의 단일성'에 대한 소크라테스의 견해〉,《철학연구》(62), 2003, pp. 5~27.

김유석,〈소크라테스〉,《서양고대철학 1》, 도서출판 길, 2013, 제9장.

_____,〈플라톤 초기 대화편에 나타난 소크라테스의 엘렝코스〉,《서양고전학연구》(35), 2009, pp. 53~89.

_____, 〈용기의 두 얼굴: 등장인물 간의 대립구도를 통해 본 플라톤의《라케스》〉, 《서양고전학연구》(43), 2011, pp. 77~122.

_____, 〈개와 늑대의 시간: 소피스트 운동 속에서 바라본 소크라테스의 재판〉, 《철학연구》(100), 2013, pp. 5~37.

_____, 〈크세노폰의 엥크라테이아에 관하여〉, 《철학연구》(113), pp. 33~59.

_____, 〈소 소크라테스학파〉, 《서양고대철학 2》, 2016, 제12장.

_____, 〈메가라학파의 변증술 연구: 에우클레이데스, 에우불리데스, 디오도로스를 중심으로〉, 《서양고전학연구》(56), 2017, pp. 29~57.

_____, 〈안티스테네스의 단편에 전개된 소크라테스주의〉, 《철학연구》(119), 2017, pp. 265~289.

_____, 〈소크라테스의 엘렝코스에서 여가의 의미와 역할〉, in 〈동서철학연구》(97), 2020, pp. 167~188.

_____, 〈견유 디오게네스의 수련에 관하여〉, 《동서철학연구》(100), 2021, pp. 229~254.

박규철, 《플라톤이 본 소크라테스의 도덕·정치철학》, 동과서, 2003.

_____, 〈수사술의 의미: 소크라테스와 고르기아스의 논전〉, 《동서철학연구》(28), 2003, pp. 151~171.

_____, 《역사적 소크라테스와 등장인물 소크라테스》, 동과서, 2003.

한석환, 〈플라톤의 《변명》과 수사술〉, 《서양고전학연구》(21), 2004, pp. 37~61.

▬ 찾아보기

인명과 지명

개념과 사항

지은이 **루이-앙드레 도리옹** Louis-André Dorion

캐나다 몬트리올대학교의 고대철학 전공 교수이다. 아리스토텔레스의 《소피스트적 논박》에 대한 번역과 주석으로 박사학위를 받았고, 플라톤과 크세노폰의 '소크라테스식 대화'에 관한 다수의 논문을 발표했다. 플라톤의 《라케스》, 《에우튀프론》, 《카르미데스》, 《뤼시스》와 크세노폰의 《회상》, 《히에론》을 프랑스어로 번역했다.

옮긴이 **김유석**

숭실대학교 철학과를 졸업하고 동 대학원에서 석사학위를, 파리1팡테옹소르본대학교에서 플라톤의 초기 대화편 연구로 박사학위를 취득했다. 현재 (사)정암학당 연구원이자 대교협 학술연구교수로 활동하면서 플라톤주의 전통의 기원과 역사에 관한 연구를 진행하고 있다 지은 책으로는 《메가라학파》(아카넷, 2022), 《서양고대철학I, II》, (길, 2013/2016, 공저)와 《플라톤의 그리스문화 읽기》(아카넷, 2020, 공저) 등이 있으며, 《스토아주의》(장바티스트 구리나, 글항아리, 2016)와 《티마이오스》(플라톤, 아카넷, 2019) 등을 번역했다. 〈아이아스, 오뒷세우스, 그리고 소크라테스: 안티스테네스의 시범 연설 연구〉(2015), 〈크세노폰의 엥크라테이아에 관하여〉(2016), 〈메가라학파의 변증술 연구〉(2017), 〈안티스테네스의 단편에 전개된 소크라테스주의〉(2017), 〈안티스테네스와 반플라톤주의의 전통〉(2019), 〈견유 디오게네스의 수련에 관하여〉(2021) 등 다수의 논문을 썼다.

소크라테스

초판 1쇄 발행 2023년 10월 19일
초판 2쇄 발행 2024년 1월 10일

지은이 루이-앙드레 도리옹
옮긴이 김유석

펴낸곳 ㈜연구소오늘
펴낸이 이정섭 윤상원
편집 채미애 허인실
디자인 박소희
제작 인쇄 교보피앤비

출판등록 2021년 3월 9일 제2021-000033호

주소 서울시 중구 을지로 157, 568호
이메일 soyoseoga@gmail.com
인스타그램 soyoseoga

ISBN 979-11-978839-1-0 (03100)

소요서가는 ㈜연구소오늘의 인문 출판 브랜드입니다.